Kauderwelsch

Band 36

Der
Reise Know-How Verlag Peter Rump GmbH
ist Mitglied der Verlagsgruppe

REISE KNOW-HOW

Kauderwelsch

Quechua
Wort für Wort

Winfried Dunkel

Kauderwelsch Band 36
Quechua - Wort für Wort
von Winfried Dunkel

Reise Know-How Verlag Peter Rump GmbH
Hauptstraße 198
D-33647 Bielefeld (Brackwede)

3. Auflage 1997
ISBN 3-89416-078-0 (DM 14,80)

Gestaltung: Michael Blümke

Umschlag: Peter Rump

Fotos: Helmut Hermann

Druck & Bindung: Fuldaer Verlagsanstalt GmbH, Fulda

PRINTED IN GERMANY

Zu diesem Buch ist eine **Tonband-Kassette** erschienen. Näheres dazu steht auf Seite 17.

Der Verlag will die Kauderwelsch-Reihe ausbauen und **sucht Autoren** für:
Balinesisch, Hessisch, Singhalesisch, Spanisch für Peru

Inhalt

Kauderwelsch-Sprechführer sind anders!

Warum? Weil sie Sie in die Lage versetzen, wirklich zu sprechen und die Leute zu verstehen.

Wie wird das gemacht? Abgesehen von dem, was jedes Sprachbuch bietet, nämlich Vokabeln, Beispielsätze etc., zeichnen sich die Bände der Kauderwelsch-Reihe durch folgende Besonderheiten aus:

Die **Grammatik** wird in einfacher Sprache so weit erklärt, daß es möglich wird, ohne viel Paukerei mit dem Sprechen zu beginnen, wenn auch nicht gerade druckreif.

Alle Beispielsätze werden doppelt ins Deutsche übertragen: zum einen **Wort-für-Wort,** zum anderen in "ordentliches" Hochdeutsch. So wird das fremde Sprachsystem sehr gut durchschaubar. Denn in einer fremden Sprache unterscheiden sich z. B. Satzbau und Ausdrucksweise recht stark vom Deutschen. Ohne diese Übersetzungsart ist es so gut wie unmöglich, schnell einzelne Wörter in einem Satz auszutauschen.

Die **Autorinnen** und **Autoren** der Reihe sind Globetrotter, die die Sprache im Land selbst gelernt haben. Sie wissen daher genau, wie und was die einfachen Leute auf der Straße sprechen. Deren Ausdrucksweise ist nämlich häufig viel einfacher und direkter als z. B. die Sprache der Literatur.

Besonders wichtig sind im Reiseland die **Körpersprache, Gesten, Zeichen und Verhaltensregeln,** ohne die auch Sprachkundige kaum mit Menschen in guten Kontakt kommen. In allen Bänden der Reihe wird darum besonders auf diese Art der nonverbalen Kommunikation eingegangen.

Kauderwelsch-Sprachführer sind keine Lehrbücher, aber viel mehr als Sprachführer! Wenn Sie ein wenig Zeit investieren und einige Vokabeln lernen, werden Sie mit ihrer Hilfe in kürzester Zeit Informationen bekommen und Erfahrungen machen, die "taubstummen" Reisenden verborgen bleiben.

Über das Land

Südamerika, dieser geographisch so vielgestaltige Kontinent, ist die Heimat zahlreicher Völker und Stämme, die teilweise schon vor langer Zeit bedeutende Hochkulturen hervorbrachten. Eine davon war das Reich der Inka, welches sich zu seiner Blütezeit von Südkolumbien bis nach Nordchile erstreckte. Es maß in der Länge ungefähr 4000 Kilometer.

Die Sprache der Inka war das Quechua. Im Gefolge ihrer Expansion verbreiteten sie im Laufe der Zeit diese Sprache über weite Teile des Kontinents.

Es ist angesichts der kulturellen Vielfalt kaum möglich, über Südamerika im ganzen zu berichten. Ich beziehe mich daher "nur" auf Peru, weil ich dieses Land recht gut kenne. Für Globetrotter ist Peru besonders interessant, nicht zuletzt auch wegen der zahlreichen, teils sehr gut erhaltenen Zeugnisse der Inka-Kultur. Hierzu sollten Sie vor Reiseantritt unbedingt einiges lesen!

Es gibt heute in Peru nicht nur "den Weißen" und nur "den Indianer". Jahrhundertelange Vermischung indianischer Urbevölkerung mit den spanischen Eroberern, später mit schwarzafrikanischen Negersklaven und deren Nachkommen, mit Chinesen und kreolischen Volksgruppen, macht eine eindeutige Zuordnung oft unmöglich. Wer sozial wo steht, wird täglich neu ausgehandelt. Das System ist "durchlässig", rassische Vorurteile sind dem Peruaner grundsätzlich fremd.

Peru ist ein demokratisch regiertes Land mit dementsprechender, persönlicher Freiheit. Hierzulande kursierende negative Berichte (besser: Gerüchte) sind in der Mehrzahl stark übertrieben.

Der Peruaner, gleich welcher Abstammung, feiert gerne, ißt gerne viel und gut, verachtet ein gutes Gläschen nicht, ist kontaktfreudig und allem Fremdem gegenüber interessiert und aufgeschlossen.

Freundschaften werden rasch geschlossen und dann sehr ernst genommen, Zu- und Abneigungen ohne Verstellungen gezeigt. Letzteres gilt speziell für indianische Gruppen.

Der Humor ist oft still und hintergründig, meist von unseren Vorstellungen von Witzigem abweichend.

Streß und Hektik sind dem Peruaner normalerweise wesensfremd, und wir Europäer müssen immer wieder staunend feststellen, daß es so auch geht...

Über das Quechua Ayacuchano

Quechua ist eine alte indianische Sprache, die heute noch in Teilen Kolumbiens, in Ecuador, Peru, Bolivien sowie in einer argentinischen Provinz gesprochen wird. Leider ist eine starke "dialektale Aufsplitterung" zu verzeichnen, das bedeutet: Quechua existiert in mehreren Varietäten, die sich teilweise beträchtlich voneinander unterscheiden. Allein auf Peru bezogen, gibt es bereits erhebliche Unterschiede in Vokabular, Suffixen (s. Grammatik) und Aussprache.

Es ist daher schwierig zu entscheiden, welche Varietät des Quechua man empfehlen soll. Unter Berücksichtigung aller Umstände möchte ich Ihnen in diesem Buch das **Quechua Ayacuchano** anbieten, weil es vergleichsweise leicht zu erlernen ist und in Peru allgemein gut verstanden wird.

Generell wird man auf Behörden, Institutionen und in den Küstenregionen Spanisch sprechen müssen. Zwar ist Quechua in Peru eine offizielle Sprache, doch ohne Spanisch läuft kaum etwas. Warum dann Quechua? Ganz einfach: Weil es einen Kontakt zur Hochlandbevölkerung (die häufig zweisprachig ist!) schafft, den Sie mit Spanisch niemals erreichen würden! Außerdem ist Quechua sozusagen das Fenster in die alte Hochkultur der Andenländer, die bis 1532 im Inka-Reich ihre Blüte erreichte.

Quechua Ayacuchano ist einwandfrei anwendbar im Gebiet La Oroya - Huancayo - Huancavelica - Ayacucho - Abancay. Nördlich und südlich von diesem Gebiet gibt es abweichende Formen, deren Sprecher Ayacuchano teilweise verstehen, nur werden Sie mit deren Redeweise nicht recht glücklich werden... In Argentinien, in der Provinz Santiago del Estero, spricht man dagegen wieder Quechua Ayacuchano.

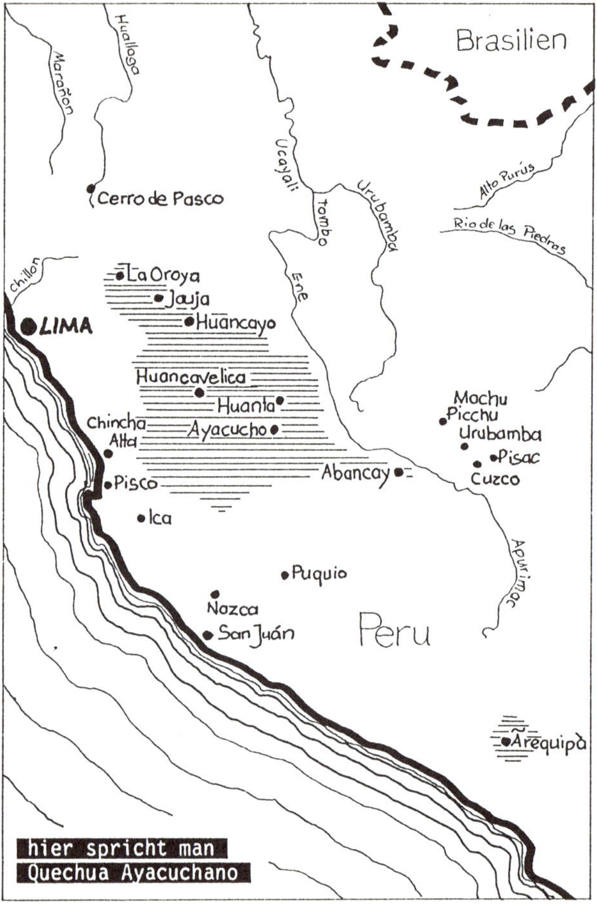
Brasilien
Huallaga
Marañon
Ucayali
Cerro de Pasco
Alto Purús
Urubamba
Tambo
Rio de las Piedras
Chillon
La Oroya
Jauja
LIMA
Huancayo
Ene
Huancavelica
Huanta
Machu Picchu
Chincha Alta
Ayacucho
Urubamba
Pisac
Abancay
Cuzco
Pisco
Ica
Apurimac
Puquio
Nazca
San Juán
Peru
Arequipa
hier spricht man
Quechua Ayacuchano

Der Grammatikteil dieses Buches ist umfangreicher als bei den meisten "Kauderwelsch-Sprechführern". So wird beim ersten Durchblättern der eine oder andere angesichts dessen wohl sagen: "Warum bloß so viele Einzelheiten?!". Die Anwort darauf ist leicht: Im Gegensatz zu gewissen anderen Sprachen erfordert Quechua ein beträchtliches Maß an Detailkenntnissen und Hintergrundwissen. Grundformen, aus dem Wörterbuch gepickt, bringen überhaupt nichts, im Gegenteil: sie können böse Mißverständnisse auslösen! Dazu kommt: Es macht zwar Laune, binnen Kurzem Minimalformen sprechen zu können, nur - was nützt das, wenn man die Antwort auf eine einfache Frage nicht versteht? Der einheimische Quechua-Sprecher weiß nämlich im Normalfall nicht, wie schwierig seine Sprache, die völlig ungewohnt funktioniert, für uns ist! Er wird folglich reden, "wie ihm der Schnabel gewachsen ist". Und genau hier bietet ein Sprachführer, der allzu schnell "am Ende" ist, keine Hilfe! Ein einigermaßen brauchbarer Sprachführer muß zumindest die gängigsten Formen beinhalten.

Die Quechua-Sprache ist äußerst präzise, kennt nur wenige Abweichungen von der Regel, verlangt vom Sprecher aber höchste Genauigkeit. Sprechen Sie daher sorgfältig, achten Sie auf richtige Aussprache und Betonung, und gewöhnen Sie sich gleich an korrekte Grammatik - ansonsten erzielen Sie bestenfalls Heiterkeitserfolge!

Zwischen den Zeilen wird in diesem Buch vermutlich oft genug meine Begeisterung für das Quechua erkennbar werden - ich wünsche mir, daß es mir gelingen möge, diese Begeisterung weiterzugeben.

Wenn Sie die ersten Hürden des Quechua, das von den Einheimischen **runasimi** (d.h. "Menschenwort") genannt wird, genommen haben, werden Sie mir zustimmen: Es ist eine faszinierende Sprache, dieses Quechua, das immerhin Ausdrucksmittel einer der bedeutendsten Hochkulturen der Menschheitsgeschichte war, und das heute, rund 450 Jahre nach der Vernichtung des Inkareiches durch die Horden des Francisco Pizarro immer noch lebt, immer noch die Kraft hat, sich zu behaupten und - zum Glück! - immer mehr Anhänger findet. Ich wünsche mir sehr, daß die Leser dieses Buches auch dazugehören werden!

Quechua – Wie geht das?

Quechua (sprich: "Ketschua") ist eine "agglutinierende Sprache", das bedeutet: Alle Vokabeln sind nur "Wortstämme", die zur näheren Bestimmung noch zusätzliche "Wortteilchen" benötigen. Diese "Wortteilchen" gibt es in großer Zahl. Es sind unveränderliche Endungen, die nach strengen Regeln den Wortstämmen angefügt werden und sämtliche grammatischen Bestimmungen sowie die Beziehungen aller Wörter eines Satzes zueinander angeben. Beim Schreiben können sie sogar die Satzzeichen überflüssig machen. Wir wollen uns der Einfachheit halber die korrekte Bezeichnung dieser "Wortteilchen" merken: Sie heißen "Suffixe".

Die Suffixe drücken nicht nur die grammatische Person aus (ich, du, er, sie, es usw.), vielmehr bezeichnen sie auch Einzahl-Mehrzahl, Frage-Antwort, Freude, Trauer, Interesse, Zweifel, Bestimmtheit, Höflichkeit, Richtung, Zeit und Ort, Besitz und noch vieles mehr.

In der Wort-für-Wort Übersetzung wurden deshalb die häufigsten Suffixe / Besonderheiten wie folgt abgekürzt:

1	= Richtung / akkusativistisch;
2	= Bestätigung, eigene Erfahrung, Nachdruck;
3	= Höflichkeit;
4	= Topic-Marker (Hervorhebung)
wir(+)	= wir inklusiv (schließt die angesprochene Person ein)
wir(-)	= wir exklusiv (ohne die angesprochene Person)

Das alles klingt zunächst arg kompliziert, da Quechua aber sehr regelmäßig ist, also kaum Abweichungen von den Regeln bestehen, werden Sie mit konsequentem Üben der ungewohnten Formen rasch Erfolge erzielen können.

Es gibt im Quechua weder technische noch sonstige moderne Begriffe - diese müssen aus dem Spanischen entlehnt werden. Beim Lesen der Beispielsätze und bei den Vokabeln wird Ihnen auffallen, wie sehr diese Sprache naturbezogen ist.

Die vom Deutschen stark abweichende Satzkonstruktion ist gewöhnungsbedürftig; erfahrungsgemäß wird das aber schnell verstanden.

Schreibweise und Aussprache

Schreibweise

Sicher haben Sie in einem Buch über die Inka oder die Andenländer schon einmal geschriebenes Quechua gesehen. Die meist verwendete Schreibung mit spanischer Orthographie fördert nicht gerade die Lesbarkeit. Um dem Quechua eine eigenständige Rechtschreibung zu geben und Lehrbücher vereinheitlichen zu können, entstand 1975 in Peru das "**Alfabeto Oficial**". Daran wollen wir uns halten.

Ein Beispiel zur Verdeutlichung: Die hohen Beamten im alten Inka-Reich, die alle Verwaltungsangelegenheiten überwachten, nannte man "Allesseher", das heißt auf Quechua

in der spanischen Schreibweise:	**tocoiricoccuna**
im "**Alfabeto Oficial**" aber:	**tukuyrikuqkuna.**

Die einzelnen Laute und ihre Aussprache werden, wie man sieht, mit dem "**Alfabeto Oficial**" viel deutlicher.

Aussprache

Das Quechua von Ayacucho kennt die Vokale **i**, **u**, **a**, **o** und **e**.

Der Vokal	**i**	wird gesprochen wie in spielen,
	u	wird gesprochen wie in rufen,
	a	wird gesprochen wie in lachen,
	o	wird gesprochen wie in offen,
	e	wird gesprochen wie in echt

Neben den Vokalen gibt es noch folgende Konsonanten und sogenannte Halbvokale:

Buchstabe	gesprochen wie in
p	Paket (aber "ohne Luft")
t	Tafel (aber "ohne Luft")
ch	klatschen (aber nicht "zu dick")
k	Karl
b	Buch
d	Dunst
g	Gummi
f	fallen
s	Kasse, daß (immer scharf wie 'ß')
q	Bach (aber etwas tiefer im Rachen)
h	Hund
m	Makel
n	Natur, am Wortende wie in: Klang
ñ	Anja
l	Luft
ll	Familie (wie ein 'lj')
r	(span.) claro (auf der Zungenspitze)
w	(engl.) water
y	Jagd, jeder

Die Konsonanten **b**, **d**, **f** und **g** kommen nur in spanischen Lehnwörtern vor. Doppellaute, sogenannte "Diphthonge" gibt es nur vier:

au - wie in "Maus"	wird geschrieben:	**aw**
ai - wie in "Mais"	wird geschrieben:	**ay**
ui - wie in "pfui"	wird geschrieben:	**uy**
oi - wie in "ahoi"	wird geschrieben:	**oy**

Besonderheiten

Normalerweise schreibt man Quechua so, wie es gesprochen wird. Ausnahmen: **n** vor **p** wird zu **m**. Beispiel:

ñan	Weg	geschrieben: **ñanpaq,**
-paq	für	aber gesprochen: **ñampaq**

m vor **w** und **m** wird zu **n**. Beispiel:

qam du
-wan mit
geschrieben: **qamwan**
gesprochen: **qanwan**

-man zu, hin
geschrieben: **qamman**
gesprochen: **qanman**

Folgt **ll** auf **l**, wird **lll** geschrieben. Beispiel:

chunchul Eingeweide
-lla nur
geschrieben: **chunchullla**

Entstehen beim Anfügen von Suffixen die Konsonantenfolgen **kk**, **kq** oder **qq**, verlieren diese in der Aussprache jeweils das erste Element, das jedoch immer geschrieben werden muß. Beispiele:

geschrieben: **llaqtaykichikkuna**
gesprochen: **llaqtaykichikuna** > eure Dörfer

geschrieben: **llaqtaykichikqa**
gesprochen: **llaqtaykichiqa** > euer Dorf (betont)

geschrieben: **rimaqqa**
gesprochen: **rimaqa** > der Sprechende (betont)

Gleiches gilt, wenn **y** auf **e** oder **i** folgt:

geschrieben: **paniyki**
gesprochen: **paniki** > deine Schwester

geschrieben: **wawqeyki**
gesprochen: **wawqeki** > dein Bruder

Spanische Lehnwörter werden - mit Ausnahme von Eigennamen - nach dem **Alfabeto Oficial** geschrieben. Die Betonung folgt jedoch immer den Quechua-Regeln.

Die in diesem Buch ausgeführte Schreibweise der Quechua-Wörter, bei der die einzelnen Suffixe zur besseren Erklärbarkeit mit Bindestrichen abgetrennt sind (z.B.: **llaqta-ykichik-kuna**), ist normalerweise nicht üblich. Wenn man Quechua schreibt, dann entfallen die Bindestriche natürlich (z.B.: **llaqtaykichikkuna**).

Betonung

Im Quechua wird grundsätzlich die vorletzte Silbe betont. Ausnahmen sind durch einen Akzent (´) gekennzeichnet. Die Betonung wandert auch bei langen Wörtern, die durch Anfügen zahlreicher Suffixe oft entstehen, immer mit und liegt stets auf der vorletzten Silbe!

Spanisch auf Quechua

Technische und sonstige Begriffe der modernen Umgangssprache gibt es im Quechua nicht. Diese müssen wir aus dem "castellano", dem südamerikanischen Spanisch also, übernehmen. Die spanischen Wörter müssen in Quechua-Formen übertragen werden, das ist recht einfach:

Aussprache im "castellano"	ergibt im Quechua
/c/ vor den hellen Vokalen i und e wie /ß/	**s**
/c/ vor den dunklen Vokalen a, o und u wie /k/ und /qu.../	**k**
e	**i**
o	**u**
/j/ (etwa wie /ch/ in "Bach")	**q**
... cue (wie in "escuela - Schule")	**kwi**
... gui (wie in "guitarra")	**gi**
... hua, hue	**wa, wi**
/v/ wie in "civil"	**b**

Beispiele:

Guardia Civil	**gardia sibil**
Huancavelica	**Wankabilika**
escuela	**iskwila**

Satzbau

warmi mikuy-ta yanu-n
Frau Essen-[1] kochen-sie
Die Frau kocht das Essen.

Der übliche Satzbau ist: Subjekt (Satzgegenstand) - Objekt (Satzergänzung) - Prädikat (Satzaussage). Abweichungen persönlicher Art (je nach Sprecher) sind möglich. Satzzeichen können wir ähnlich wie im Deutschen setzen, oder auch völlig darauf verzichten, die Suffixe verleihen nämlich jedem einzelnen Wort im Satz eine ganz exakte Bestimmung. Demzufolge genügt es, das Satzende auf irgendeine Weise zu kennzeichnen; es gibt jedoch alte Manuskripte, die sogar darauf verzichten! Ich setze in den Quechua-Sätzen in diesem Buch keine Satzzeichen - auf diese Weise erfassen Sie die Bedeutung der Suffixe meiner Meinung nach besser. Außerdem glaube ich, daß man dem Quechua keinen Gefallen tut, wenn man es mit Satzzeichen und anderen Parallelen zu europäischen Sprachen befrachtet. Quechua ist eine vollkommen eigenständige Sprache, die nach vollkommen eigenständigen Regeln funktioniert.

Bedenken Sie bitte bei der Satzmelodie, daß bei einer Frage im Quechua am Satzende die Stimme nicht angehoben wird! Aussage und Frage werden nicht mit der Satzmelodie unterschieden - auch das machen ausschließlich die Suffixe! Einen Fragesatz betont man daher genau wie einen Aussagesatz.

Eigen- und Ortsnamen werden mit großem Anfangsbuchstaben geschrieben. Wörter am Satzanfang kann man mit großem Anfangsbuchstaben schreiben, muß es aber nicht, wenn es kein Name ist. Im übrigen gibt es nur Kleinschreibung.

Ein Satz kann im ganzen betont werden, muß es aber nicht. Viele Quechua-Sprecher betonen jedes einzelne Wort für sich, ohne dem Satz insgesamt eine Satzmelodie zu verleihen. (Die Suffixe übernehmen auch das, was wir mit der Betonung machen müssen.) Das können Sie auch so halten - durch diese Sprechweise hat man mehr Zeit, sich genau zu überlegen, was man wie sagen will.

Einige Vokabeln, oder:
Grundwortschatz zum Eingewöhnen

runa	Mensch, Mann
qari	Mann
warmi	Frau
wawa	kleines Kind
maqta	Jugendlicher
wasi	Haus
llaqta	Dorf, Stadt, Land
ñan	Weg, Straße
rimay	sprechen
niy	sagen
rumi	Stein
mikuy	essen

llamkay	arbeiten
puñuy	schlafen
punchaw	Tag
paqarin	morgen
hamuy	kommen
riy	gehen
illay	reisen
chutay	reisen, wandern, ziehen
tapuy	fragen
yachay	wohnen, wissen
yachakuy	lernen
mayu	Fluß
yaku	Wasser
wayqo	Tal, Senke, Einschnitt
orqo	Hügel, Berg
allqo	Hund
misi	Katze
upyay	trinken
tayta	Vater, in der Anrede: Herr
mama	Mutter, in der Anrede: Frau
chakra	Feld
uyariy	hören
yanuy	kochen
tanta	Brot, Versammlung, zerlumpt
watukuy	besuchen

Das Hauptwort

Wir wollen den "Einstieg" in die grammatischen Möglichkeiten hier mit der einfachsten Übung beginnen: dem Zusammensetzen von Hauptwörtern (Substantiven). Zufälligerweise funktioniert das ganz genau so wie im Deutschen: der aus zwei Hauptwörtern zu bildende Begriff wird ganz einfach durch das Aneinanderfügen der entsprechenden Wörter aufgebaut. Ich führe nun einige Substantive auf, die wir anschließend zusammenfügen:

mayu	Fluß	**pata**	Rand (Ufer)
wasi	Haus	**punku**	Türe
sonqo	Herz	**suwa**	Dieb
wasi	Haus	**perqa**	Wand

Diese Begriffe können wir nun zu zusammengesetzten Hauptwörtern machen. Wichtig: Die Reihenfolge der Begriffe stimmt exakt mit dem Deutschen überein!

Beispiele:

mayupata	Flußufer
wasipunku	Haustür
sonqosuwa	Herzensdieb
wasiperqa	Hauswand

Wiederum dem Deutschen vergleichbar, können diese zusammengesetzten Begriffe bei Erhaltung des Sinnes aber auch einzeln geschrieben werden:

mayu pata	Flußufer

Mehrzahl

Die Mehrzahl wird ganz einfach gebildet, indem man an das Hauptwort das "Pluralsuffix" **-kuna** anfügt:

warmi	die Frau	**warmi-kuna**	die Frauen
qaqa	der Fels	**qaqa-kuna**	die Felsen

Wenn noch zusätzliche Begriffe zum Hauptwort gehören, wie z.B. Eigentumsverhältnisse, groß, klein und anderes, dann folgen die Suffixe, die dies ausdrücken, unmittelbar dem Stamm, anschließend wird klargemacht, ob es sich um Einzahl oder Mehrzahl handelt.

Beispiel:

chakra-kuna	die Felder
chakra-cha-kuna	die kleinen Felder
chakra-cha-y-kuna	meine kleinen Felder

Das Suffix **-cha** bedeutet hier Verkleinerung, mehr darüber im Kapitel "Höflichkeit".

Das Suffix **-y** bedeutet hier "mein", mehr darüber im Kapitel "Persönliche Fürwörter".

Geschlecht

Es gibt kein grammatisches Geschlecht im Quechua. Das natürliche Geschlecht wird durch ein entsprechendes Eigenschaftswort (Adjektiv) ausgedrückt, wenn das im Einzelfall gewünscht oder sinnvoll ist.

Beugung der Hauptwörter

Kommen wir nun zu den grammatischen Formen der Hauptwörter, d.h., zu den verschiedenen Beugungen.

Wie in vielen Indianersprachen, gibt es auch im Quechua nicht die Deklination (Beugung der Hauptwörter) wie in den europäischen Sprachen. Den Beugungen liegt im Quechua ein gänzlich anderes Grammatikverständnis zugrunde: Grammatische Bezüge von Wörtern innerhalb eines Satzes werden mit bestimmten Suffixen ausgedrückt, auch die Hauptwörter erfahren mit Suffixen ihre Beugungen. Dabei handelt es sich meist um Besitzanzeigen und Richtungsangaben, die mit einer Deklination, wie sie etwa der Lateiner erwartet, nichts, gar nichts zu tun haben!

Folgende Beugungen gibt es:

llaqta	(-) Dorf	Grundform
llaqta-pa	(des) Dorf(es)	Besitzanzeige
llaqta-man	(zu dem) Dorf(e)	Richtungsangabe
llaqta-ta	(in Ri.) Dorf	Richtungsangabe
llaqta-pi	(im) Dorf	Ortsangabe

Beispiele zum Verständnis:

Grundform	Besitzanzeige
llaqta uchuy-mi*	**llaqta-pa wasi-n-kuna yuraq-mi***
Dorf klein-es ist	*Dorf-1 Haus-2-viele weiß-sie sind***
Das Dorf ist klein.	Die Häuser des Dorfes sind weiß.

* s.: Das Suffix -m/-mi ** Besitzanzeige Teil 1 und 2

Beachten Sie, daß bei der Besitzanzeige immer der Bezug von zwei Wörtern zueinander deutlich gemacht werden muß! Wir kennen das sinngemäß auch im Deutschen: "Vaters Feld" oder "Vater sein Feld". Die Entsprechung im Quechua lautet:

tayta-pa chakra-n
*Vater-1 Feld-2*** — ** Besitzanzeige Teil 1 und 2
Vaters Feld — etwa: "Vater-des Feld-sein"

Teil 1 der Besitzanzeige bildet unveränderlich das Suffix **-pa**. Teil 2 der Besitzanzeige drückt ein Suffix der Person aus (s. "Persönliche Fürwörter"), das entsprechend gewählt werden muß ("dein", "euer", usw.). Wir können sagen: **-pa** kennzeichnet den Besitzer, das Suffix der Person den Besitz. Aus dem Zusammenwirken beider wird das Besitzverhältnis ersichtlich.

Richtungsangabe mit -man

Mit diesem Suffix werden örtlich/räumliche Richtungsangaben gemacht ("er geht nach soundso"), es kennzeichnet aber auch das Ziel einer Handlung in der Art von "um ... zu" und hat darüber hinaus eine unserem Dativ ähnliche Funktion beim sog. "indirekten Objekt" (mit Personen) "ich gebe jemandem etwas".

a) Richtung — **runa pikchu-man ri-n*** — * siehe S. 35
Mann Berg-zu gehen-er
Der Mann geht zum Berg.

b) Ziel einer Handlung — **warma piluta-man kallpa-n**
Junge Ball-um (zu) laufen-er
Der Junge läuft um den Ball (zu holen).

c) dem Dativ ähnliche Funktion ("dativisch")
mama-y-man apamu-ni*
Mutter-mein-zu bringen-ich
Ich bringe meiner Mutter (etwas).

und dieses "etwas", also das, was ich bringe (z.B.), erhält (direktes Objekt) als "Ziel des Wunsches" das Suffix **-ta**; damit wird es nun interessant:

Richtungsangabe mit -ta

Dieses Suffix ist (leider) sehr vielseitig und wird vom einheimischen Sprecher munter verwendet. Ich will versuchen, **-ta** und die grammatischen Zusammenhänge klarzumachen, was nicht ganz einfach ist:

- Ziel und Zweck einer Handlung;
- Richtung des Begehrens (Wunsch in Richtung...)

warmi mikuy-ta yanu-n
Frau Essen-[1] kochen-sie
Die Frau kocht das Essen.

Hier bezeichnet **-ta** die Zielrichtung einer Handlung, es zeigt, welchem Zweck eine Handlung dient: Die Frau kocht das Essen, die Essenszubereitung ist die Zielrichtung ihrer Handlung.

Für unser Sprachgefühl ist das eindeutig ein Akkusativ (4.Fall), da wir ja fragen "wen oder was kocht die Frau?". Wie schon angedeutet, funktioniert Quechua jedoch völlig anders, es gibt keine "Fälle" in unserem Sinne! Wenn in vielen Grammatiken von "Dativ", "Akkusativ" usw. die Rede ist, bezeichnet das nur die Schwierigkeit, die Quechua-Funktionen in unser Sprachverständnis zu übertragen, um sie erklären zu können. Zum Beweis für das völlig andere Grammatikverständnis des Quechua folgendes Beispiel:

wasi-ta ranti-ni
Haus-[1] kaufen-ich
Ich kaufe das Haus.

Der Deutsche fragt: wen oder was kaufe ich? Antwort: "ich kaufe das Haus" - wir haben hier im Deutschen also einen Akkusativ. Scheinbar entspricht das dem Quechua, da ja an **wasi** ein **-ta** steht. Dem ist aber nicht so! Der Quechua-Sprecher hat andere Vorstellungen "im Hinterkopf", er sieht das wohl eher so: "mein Begehren richtet sich auf das Haus", "mein Wunsch geht in Richtung auf das Haus (um es zu besitzen)". Und vermutlich deshalb setzt er das Richtungssuffix **-ta**. Wenn wir das Beispiel nun weiterführen, wird die Sache klar:

wasi ka-n* (* siehe "Das Verb **kay**")
Haus geben-es
Es gibt ein Haus.

Im Deutschen ist das einwandfrei ein Akkusativ: Wen oder was gibt es? - Ein Haus.

Im Quechua dagegen steht die Grundform: **wasi,** das Suffix **-ta** fehlt. Warum fehlt es? Weil das Haus, das es einfach (irgendwo) "gibt", das irgendwo existiert, in diesem Zusammenhang nicht als Ziel eines Wunsches, als Ziel einer Handlung, als Objekt, auf das hin man sein Begehren richtet, zu verstehen ist.

Sie sehen, das sind keine "Fälle" wie wir sie kennen. Um nun aber eine Brücke zu unserem Sprachverständnis zu bauen, können wir uns das Suffix **-ta** im Hinterkopf als eine dem Akkusativ ähnliche Form vorstellen, das erleichtert die praktische Anwendung. Nur wissen müssen Sie, daß es kein Fall in unserem Sinne ist, damit Sie **-ta** richtig anwenden. Um eine Hilfestellung zu geben, finden Sie an jedem **-ta**, das in den Beispielsätzen auftaucht, eine [1].

Leider ist **-ta** damit noch lange nicht am Ende, wir kommen nun zu

- Ausdruck von Wünschen und Können

Hierzu benötigen wir ein Tätigkeitswort (siehe "Beugung der Tätigkeitswörter"), welches zum Hauptwort gemacht wird (siehe "Tätigkeits- und Geschehenswörter zu Hauptwörtern machen"). Vorläufig nehmen wir als gegeben hin, daß die Grundform eines Tätigkeitswortes einem Hauptwort entspricht und fügen **-ta** an:

mikuy-ta muna-ni
Essen-[1] möchten/mögen-ich
Ich möchte essen. (= mein Begehren richtet sich auf/in Richtung...)

Als Darstellung der Tatsache, daß jemand "etwas kann", entspricht **-ta** unserer Konstruktion mit "zu ... Grundform":

llamkay-ta yacha-n
Arbeit-[1] wissen-er
Er kann arbeiten.

- Richtungsangabe (örtlich)

wayna runa llaqta-ta ri-n
jung Mann Dorf-zum[1] gehen-er
Der junge Mann geht zum Dorf.

Wenn in Angaben einer (Bewegungs-)Richtung eine lebende Person vorkommt, kann wahlweise **-man** oder **-ta** gesetzt werden.

• nähere Bestimmung einer Handlung/Tätigkeit

Bisweilen will oder muß man eine Handlung bzw. Tätigkeit näher bezeichnen, näher bestimmen. Wenn zum Beispiel jemand singt, wollen wir ausdrücken, ob er (oder sie) gut oder schlecht singt. Der Fachmann nennt eine solche nähere Bestimmung, die am Tätigkeitswort (Verb) angebunden ist, "adverbiale Bestimmung" und das Wort, welches dazu benutzt wird, ein "Adverb".

sipas taki-n
Mädchen singen-sie
Das Mädchen singt.

Nun mit "Adverb": Das Mädchen singt schön. Im Quechua muß "schön", das hier die Funktion des Adverbs hat, mit einem **-ta** verbunden werden:

sipas sumaq-ta taki-n
Mädchen schön-[1] singen-sie
Das Mädchen singt schön.

Diese Bestimmung mit **-ta** ist sehr wichtig, denn wir können ja auch sagen:

sumaq sipas taki-n
schön Mädchen singen-sie
Das schöne Mädchen singt.

Zwei weitere Beispiele:

warma allin-ta qellqa-n
Junge gut-[1] schreiben-er
Der Junge schreibt gut.

machu runa allillamanta-ta puri-n
alt Mann langsam-[1] umhergehen-er
Der alte Mann geht langsam umher.

• **-ta** als Zeitbestimmung ("wann")

inti lloqsiy-ta hamu-ni
Sonne Aufgang-[1] kommen-ich
Ich komme bei Sonnenaufgang.

Soweit die wichtigsten Funktionen von **-ta**. Obwohl ich alles gekürzt und vereinfacht habe, ist das nicht leicht. Es war auch nicht zu vermeiden, einiges vorwegzunehmen, daher mein Tip: Lesen Sie dieses Kapitel, das eines der umfangreichsten und schwierigsten ist, mehrmals sorgfältig durch, schauen Sie möglichst parallel auch schon in die Kapitel "Beugung der Tätigkeitswörter", "Hauptwörter zu Tätigkeits- und Geschehenswörtern machen" sowie "Tätigkeitswörter zu Hauptwörtern machen" hinein. Im Quechua wird viel "umgebaut" und "konstruiert" - beim vergleichenden Lesen der genannten Kapitel läßt sich das ganze viel leichter erfassen.

Obwohl es sehr schwierig ist, die Funktionen von **-ta** zu erklären, habe ich das gleich hier zu Anfang getan. Warum? Ohne die Kenntnisse des Grammatikverständnisses des Quechua, das von unserem so sehr abweicht, wird alles unnötig schwieriger.

Dieses Kapitel erfordert einiges Hin- und Herblättern, doch wenn man **-man** und **-ta** verstanden hat, sind die folgende Lektionen nur noch halb so schlimm.

Orts- und Zeitangaben mit -pi

Zur Darstellung, wo oder wann etwas geschieht, verwenden wir das Suffix **-pi**. Es hat örtliche und zeitliche Bedeutung. Beispiele:

• örtlich, Ortsangabe

chakra-pi	**llaqta-pi**	**yaku-pi**
Feld-auf	*Dorf-im*	*Wasser-im*
auf dem Feld	im Dorf	im Wasser

• zeitlich, Zeitangabe

punchaw-pi	**tuta-pi**	**chisi-pi**
Tag-am	*Nacht-in*	*Mitternacht-um*
am Tag	in der Nacht	um Mitternacht

Beide Funktionen lassen sich auch verbinden:

punchaw-pi chakra-pi llamka-n
Tag-am Feld-auf arbeiten-er
Er arbeitet bei Tag (tagsüber) auf dem Feld.

Persönliche Fürwörter

Wie wir weiter oben schon gesehen haben, treten die persönlichen Fürwörter häufig nur als Suffixe auf. Hier alle Suffixformen:

-y	mein	**-nchik**	unser (inklusiv)(+)*
-yki	dein	**-yku**	unser (exklusiv)(-)*
-n	sein	**-ykichik**	euer
		-nku	ihr

Wenn Sie diese Suffixe an Hauptwörter anfügen, können Sie schon vieles ausdrücken. Doch zunächst: Was bedeutet "inklusiv" und "exklusiv"(*)? Stellen Sie sich bitte einmal drei Personen vor, die sich unterhalten. Wenn sie über einen gemeinsamen Besitz reden, also über etwas, das allen gemeinsam gehört, oder über etwas, das alle gemeinsam tun, dann verwenden sie die "Inklusivform":

allqo-nchik hatun-mi*
Hund-unser groß-ist
Unser Hund ist groß.

* siehe "Das Suffix **-m/-mi**"

Gehört dieser Hund jedoch nur zwei Leuten aus dieser Gruppe, dann werden sie vor dem Dritten über ihren Hund in der "Exklusivform" sprechen:

allqo-yku hatun-mi
Hund-unser groß-ist
Unser Hund ist groß.

Weitere Beispiele finden Sie bei den Verben.

Besondere Betonung einer Person

In Fällen, wo eine bestimmte Person besonders betont oder sonstwie hervorgehoben werden soll, wird zusätzlich das persönliche Fürwort (Personalpronomen) als eigenständige Vokabel eingesetzt. (Anwendungsbeispiele finden Sie bei den Verben.) Hier alle Fürwörter:

ñoqa	ich	**ñoqanchik**	wir(+)
qam	du	**ñoqayku**	wir(-)
pay	er / sie / es	**qamkuna**	ihr
		paykuna	sie

Das Leermorphem -ni

Nachdem wir im vorangegangenen Kapitel ziemlich in's Schwitzen geraten sind, nun eine einfache Sache zur Erholung: Das Suffix **-ni**.

Lassen Sie sich von dem fürchterlichen Namen nicht erschrecken, **-ni** ist sehr leicht anzuwenden. Es hat keine eigene Bedeutung, sondern dient nur dazu, bestimmte Buchstabenfolgen, die dem Quechua-Sprecher widerstreben, oder die nur mit "Zungenverrenkung" aussprechbar wären, zu vereinfachen. Nach dem Empfinden des Quechua-Sprechers verschönert **-ni** auch den Klang des Wortes.

Das Suffix **-ni** tritt immer auf, wenn ein Wortstamm auf einem Konsonant oder einem Doppellaut (Diphthong) endet und das nachfolgende Suffix dadurch nicht aussprechbar wäre oder "komisch" klingen würde.

WICHTIG: Der Buchstabe **'y'** wird im Quechua wie ein Konsonant behandelt!

Beispiele:

kawsay	das Leben		
kawsay-ni-n	sein Leben	**kawsay-ni-y**	mein Leben
niraq	die Farbe	**niraq-ni-nchik**	unsere Farbe

Man sieht, wie **-ni** funktioniert, denn: "**kawsayn**", "**kawsayy**" oder "**niraqnchik**" wären kaum aussprechbar bzw. würden sich komisch anhören.

Im Laufe der Zeit bekommt man ganz von selbst ein Gefühl dafür, wie und wo **-ni** anzuwenden ist. Besonders häufig findet man **-ni** bei den Zahlen, mehr darüber weiter hinten.

Farben			
yuraq	weiß	**qomer**	grün
yana	schwarz	**ankas**	blau
puka	rot	**chumpi**	braun
qellu	gelb	**oqe**	grau

Körperteile			
maki	Hand	**wasa**	Rücken
chaki	Fuß	**qasqo**	Brust
uma	Kopf	**sonqo**	Herz
uya	Gesicht	**wiksa**	Bauch, Magen
kakichu	Kinn	**chanka**	Bein
ñawi	Auge	**moqo**	Knie
senqa	Nase	**siki**	Gesäß
rinri	Ohr	**weqaw**	Taille
simi	Mund	**ñuñu**	weibl. Brust
ñutqo	Gehirn	**qapsan**	Lunge
qechepra	Wimper	**chunchul**	Eingeweide
chukcha	Haar	**qallu**	Zunge
kunka	Hals	**sillu**	Fingernagel

Das Tätigkeitswort

Grundform - Bei den Hauptwörtern haben wir bereits gesehen, wie die Suffixe angefügt werden. Bei den Tätigkeitswörtern (Verben) geht das genau so. Nur: Alle Verben haben in ihrer Grundform (Infinitiv) zur besseren Kennzeichnung ein -y am Schluß. Vor dem Konjugieren muß das natürlich weg, weil wir mit dem Wortstamm arbeiten müssen. Das geht wie im Deutschen:

miku-y (ess-en)	**llamka-y** (arbeit-en)	**puklla-y** (spiel-en)

"Allgemeine" Gegenwart

Jetzt benötigen wir zum ersten Konjugieren die Suffixe der "Allgemeinen Gegenwart", hier sind sie:

-ni	ich	**-nchik**	wir(+)*
-nki	du	**-niku**	wir(-)*
-n	er/sie/es	**-nkichik**	ihr
		-nku	sie

(* Hier haben Sie wieder die "inklusive" und die "exklusive" Form. Erklärt habe ich das bei den persönlichen Fürwörtern. Gilt auch für die Verben! Beispiele zur richtigen Anwendung findet man im Laufe des Buches in ausreichender Menge.)

tapu-ni	*fragen-ich*	ich frage
tapu-nki	*fragen-du*	du fragst
tapu-n	*fragen-er*	er/sie/es fragt
tapu-nchik	*fragen-wir*	wir(+) fragen
tapu-niku	*fragen-wir*	wir(-) fragen
tapu-nkichik	*fragen-ihr*	ihr fragt
tapu-nku	*fragen-sie*	sie fragen

Wir wollen noch ein Beispiel machen. Dabei wollen wir die Person besonders betonen. Dazu setzen wir die persönlichen Fürwörter als zusätzliche Vokabeln vor das Verb (zum Vokabellernen gleich ein neues Verb):

ñoqa uyari-ni	ich höre
qam uyari-nki	du hörst
pay uyari-n	er/sie/es hört
ñoqanchik uyari-nchik	wir hören(+)
ñoqayku uyari-niku	wir hören(-)
qamkuna uyari-nkichik	ihr hört
paykuna uyari-nku	sie hören

Die Suffixe zur Konjugation bleiben bei allen Verben die gleichen, Abweichungen gibt es nicht - gut zum Lernen!

Neue Wörter bilden

Substantive zu Verben machen

Auch dies ist nicht schwierig: wenn man an das Hauptwort das Suffix **-cha** anfügt, wird es zum Tätigkeitswort, oder man drückt damit etwas aus, was geschieht, deshalb kann man auch von "Geschehenswörtern" sprechen. Da zum Verb in der Grundform der Infinitiv erforderlich ist (Suffix -y), sieht das Ganze aus wie folgt:

wasi	Haus
wasi-cha-y	bauen ("ein Haus machen")
wasi-cha-ni	ich baue ein Haus

Eigenschaftswörter zu Verben machen

Wenn wir an ein beliebiges Eigenschaftswort (Adjektiv) das Suffix **-ya** anfügen, haben wir ein neues Verb:

hatun	groß	**hatun-ya-y**	groß werden
hatun-ya-nki	du wirst groß		

Verben zu Substantiven machen

Wiederum mit einem Suffix, das **-y** lautet (aber mit den bisherigen außer dem gleichen Erscheinungsbild nichts zu tun hat!), wird aus einem Tätigkeitswort ein Hauptwort:

pakay	verstecken	**paka-y**	das Sich-Verstecken, das Verbergen
mikuy	essen	**miku-y**	das Essen (Vorgang)

Eine weitere Möglichkeit bietet das Suffix **-na**. Es beinhaltet die Vorstellung zukünftigen Tuns, darüber hinaus wirkt es "instrumentalisierend". Beispiele:

kachay	schicken
kacha-na-yki	dein zukünftiges Schicken
kuchuy	schneiden
kuchu-na	das, womit man schneidet = das Messer

Im letzten Beispiel sehen Sie deutlich, was man unter "instrumentalisieren" versteht: Aus dem Verb wird das Hauptwort für das Ding, das Instrument, gemacht, mit dem man die jeweilige Tätigkeit ausführt.

Das Suffix **-na** steht auch in einer Satzkonstruktion, die dem deutschen "um ... zu" entspricht. Dazu benötigen wir aber noch

"für" – das Suffix -paq

Dieses Suffix bedeutet im wesentlichen "für". Es wird an Hauptwörter angefügt und gibt dann im Satzzusammenhang an, für wen oder warum etwas geschieht. Oft steht es zusammen mit **-na**. Wir können nun schon recht komplexe Zusammenhänge, z.B. einen Sachverhalt mit "um ... zu", ausdrücken. Beispiel:

watuku-na-y-paq hamu-ni
besuchen-zukünftig-mein-für kommen-ich
Ich komme, um (dich) zu besuchen.

qollqe-paq llamka-nki
Geld-für arbeiten-du
Du arbeitest für (das) Geld.

qollqe chaski-na-nku-paq taki-nku
Geld erhalten-zuk.-sie-für singen-sie
Sie singen, um Geld zu erhalten.

upya-nkichik kusi-na-ykichik-paq
trinken-ihr Freuen-zukünftig-euer-für
Ihr trinkt, um euch zu freuen; oder: Ihr trinkt aus Freude daran

Ganz allgemein steht das Suffix **-paq** dort, wo im Deutschen "für" verwendet wird. Einige Beispiele, die Sie natürlich auch mit anderen Vokabeln durchgehen und so die ganze Sache üben sollten:

allpa-paq
Land-für
für das Land

qosa-yki-paq
Ehemann-dein-für
für deinen Ehemann

warmi-y-paq
Frau-mein-für
für meine Frau

wawa-y-kuna-paq llamka-ni
Kind-mein-viele-für arbeiten-ich
Ich arbeite für meine Kinder.

Einige Gegensatz-Paare:			
punchaw	Tag	**tuta**	Nacht
inti	Sonne	**killa**	Mond, Monat
karu	weit/fern	**kaylla**	nah
hatun	groß	**uchuy / taksa**	klein
qoñi	heiß	**chiri**	kalt
kaypi	hier	**chaypi**	dort
ichuq	links	**alliq**	rechts
allin	gut	**mana(m) allin**	schlecht
hawa	oben/draußen	**uku**	unten/innen
orqo / pikchu	Berg	**wayqo**	Tal
fasil (span.)	einfach	**sasa**	schwierig
achka	viel	**pisi / as**	wenig
tukuy	jede(-r/-s)	**mana(m) pipas**	niemand
sapa	allein	**kuska**	zusammen

ACHTUNG: **sapa** = "allein" bedeutet auch: jeder / jede / jedes
Textzusammenhang beachten!

Vollzogene Handlung

Das Suffix -sqa

Eben haben wir gelernt, wie man im Quechua aus Tätigkeits- und Geschehenswörtern Hauptwörter machen kann. Zur Übersetzung vieler Redewendungen aus dem Deutschen benötigen wir aber noch eine weitere Möglichkeit, die der Sprachwissenschaftler mit "perfektivischer Funktion" bezeichnet. Gemeint ist: Wenn eine Handlung vollzogen bzw. beendet ist, sagen wir im Deutschen: arbeiten - gearbeitet / schlafen - geschlafen.

Wenn wir diese Begriffe nun in's Quechua übertragen, wofür wir das Suffix **-sqa** benötigen, sieht die Gegenüberstellung der Begriffe folgendermaßen aus:

arbeiten - gearbeitet	schlafen - geschlafen
llamkay - llamka-sqa	**puñuy - puñu-sqa**

Sie sehen, das Suffix **-sqa** kennzeichnet, an den Verbstamm angefügt, eine vollendete, vollzogene Handlung. Gleichzeitig wird im Quechua der mit **-sqa** ergänzte Stamm eines Tätigkeits- bzw. Geschehenswortes in ein Hauptwort verwandelt. Das bedeutet, daß wir dieses Wort im weiteren Verlauf dann auch wie ein Hauptwort behandeln müssen. Gleichzeitig entsteht durch **-sqa** eine Haupt-Nebensatz-Konstruktion.

sira-sqa-y yakulla	der von mir genähte Umhang, der Umhang, den ich genäht habe
yacha-sqa-y llaqta	das Dorf, in dem ich wohne
yanu-sqa-y-ta miku-ni	ich esse, was ich gekocht habe

Im letzten Beispiel sieht man wieder, wie **-ta** scheinbar einen Akkusativ bezeichnet - wir haben jedoch jetzt schon wie ein echter Indianer im Hinterkopf: "Mein Begehr richtet sich auf ...", und wissen, daß das Suffix **-ta** ein Richtungssuffix ist. Wir wissen nun auch, daß die Bezeichnung "akkusativisch" nur eine Hilfskonstruktion ist, die die völlig andere Funktion des Quechua in unser Verständnis übertragen soll!

Das Verb kay (= sein)

Dieses Tätigkeitswort hat fast die gleiche Funktion und Bedeutung wie das deutsche "sein". Wir wollen es gleich einmal konjugieren und uns dabei **ka-y** genauer anschauen:

ka-ni	*sein-ich*	ich bin
ka-nki	*sein-du*	du bist
ka-n	*sein-es*	es gibt (!)
ka-nchik	*sein-wir(+)*	wir sind
ka-niku	*sein-wir(-)*	wir sind
ka-nkichik	*sein-ihr*	ihr seid
ka-nku	*sein-sie*	sie sind

Also wieder einmal alles regelmäßig - bis auf die abweichende Bedeutung in der 3. Person Einzahl, hier bedeutet **ka-n** nicht "er/sie/es ist", sondern: es gibt!

Wie drückt man im Quechua "er/sie/es ist" aus? Dazu benötigen wir das folgende Suffix.

Das Suffix -m/-mi

Das Suffix **-m/-mi** bedeutet:

- der Sprechende macht eine Aussage aus eigener Erfahrung,
- Interesse am gerade geführten Gespräch,
- "er/sie/es ist", Funktion eines vollständigen Verbs.

Der letzte Punkt ist für die Praxis besonders wichtig: Das Suffix ersetzt in der 3. Person Einzahl ein Verb! Endet das Wort, an welches das Suffix angefügt werden soll, auf einem Vokal, dann lautet es **-m**. Endet das Wort jedoch auf einem Konsonanten, dann heißt es **-mi**.

wawa-y-mi	**sumaq wasi-m**	**misi-m**
Kind-mein-es ist	*schön Haus-es ist*	*Katze-es ist*
mein Kind	Es ist ein schönes Haus.	Es ist eine Katze.

Anmerkung:
Ich übersetze das Suffix **-m/-mi** hier immer mit "es ist". Beachten Sie bitte, daß es natürlich auch Interesse, eigene Erfahrung und zuweilen auch Nachdruck bedeuten kann.

Natürlich können Sie **-m/-mi** auch an Adjektive anhängen, dann verschiebt sich die Satzaussage entsprechend:

wasi-y sumaq-mi	**misi yana-m**
Haus-mein schön-ist	*Katze schwarz-ist*
Mein Haus ist schön.	Die Katze ist schwarz.

Der Topic Marker -qa

"Topic Marker" - was ist denn das schon wieder? Nun, für dieses "Dings" gibt es im Deutschen nichts Vergleichbares.

Der "Topic Marker" ist das Suffix **-qa**. Man kann es an alle denkbaren Wörter ganz am Schluß anfügen. Dadurch wird dieses Wort hervorgehoben, besonders betont, sozusagen doppelt unterstrichen. Zuweilen kann man es auch in etwa mit einem Ausrufezeichen vergleichen.

In einer Unterhaltung oder einer Erzählung markiert es Wechsel des Themas oder des Handlungsschwerpunktes. Auch bei Begrüßungen können wir **-qa** gut gebrauchen, doch davon später.

Wann der Quechua-Sprecher **-qa** und wann er **-m/-mi** setzt, ist noch nicht restlos erforscht. Bis dahin verlassen Sie sich auf Ihr Sprachgefühl. Ich ziehe mich immer so aus der Affäre: **-qa**, wenn ich von zwei Personen oder Dingen eines hervorheben will, wenn ich demonstrativ auf etwas hinweise ("jenes da" = **chay-qa**), wenn das Thema wechselt, oder beim Begrüßen. Ansonsten nimmt man am besten **-m /-mi**, da es meiner Meinung nach problemloser ist.

Fragen, Ja oder Nein?

Entscheidungsfragen sind solche, auf die Sie immer mit "ja" (auf Quechua: **arí**) oder "nein" (**manam**) antworten können. Um eine Frage zu bilden, benötigen wir das Fragesuffix **-chu**. Es wird immer an den zu erfragenden Begriff angefügt. Das ist ganz einfach:

chakra-chu
Feld-?
Ist das ein Feld?

wawa-yki ka-n-chu
Kind-dein geben-es-
Hast Du ein Kind?

wasi-yki hatun-chu
Haus-dein groß-?
Ist Dein Haus groß?

oder:

wasi-yki-chu hatun
Haus-dein-? groß
Ist Dein Haus groß?

Eine bejahende Antwort muß immer mit **arí** (ja) eingeleitet werden.

chakra-chu
Feld-?
Ist das ein Feld?

arí chakra-m
ja, Feld-es ist
Ja, das ist ein Feld.

wawa-yki ka-n-chu
Kind-dein geben-es-?
Hast Du ein Kind?

arí wawa-y ka-n-mi
ja, Kind-mein geben es-[2]
Ja, ich habe ein Kind.

wasi-yki hatun-chu
Haus-dein groß-?
Ist Dein Haus groß?

arí wasi-y hatun-mi
ja, Haus-mein groß-es ist [2]
Ja, mein Haus ist groß.

Eine verneinende Antwort beginnt mit **mana-m** und nimmt das Erfragte mit **-chu** noch einmal auf, Beispiel:

chakra runa-chu ka-nki
Feld Mensch-? sein-du
Bist Du ein Bauer?

mana-m chakra runa-chu ka-ni chufir-mi
nein-^{2} Feld Mensch-nicht sein-ich Fahrer-(ich bin)^2
Nein, ich bin kein Bauer, ich bin Fahrer.

Ein Beispiel für die doppelte (nachdrückliche) Verneinung:

mincha hamu-nki-chu
übermorgen kommen-du-?
Kommst Du übermorgen?

mana-m mana-m mincha hamu-ni-chu
nein-^{2} nein-^{2} übermorgen kommen-ich-nicht
Nein, ich komme übermorgen nicht.

Wir können im Quechua auch die "verneinte Frage" stellen:

mana-chu chay-qa Santa Inés
nicht-? jenes-da Santa Inéz
Ist jenes (= jener Ort da) nicht Santa Inéz?

mana-m Santa Inés llaqta-chu chay-qa Wachukulpa-m
nein-^{2} Santa Inéz Dorf-nicht jenes-(da)Huachocolpa-^{2}
Nein, das ist nicht Santa Inéz, das ist Huachocolpa.

Dieses und Jenes

Im Quechua ist "dieses" und "jenes" etwas präziser als im Deutschen, wir unterscheiden drei Formen:

kay	dies(es)	→ Gegenstand beim Sprechenden
chay	jenes	→ Gegenstand beim Angesprochenen
wak	jenes	→ Gegenstand von beiden entfernt

(Beispiele finden Sie bei den Informationsfragen.)

Fragen mit Fragewörtern

Informationsfragen werden normalerweise mit dem Suffix **-taq** gebildet, indem man es entweder an das jeweilige Fragepronomen oder an den zu erfragenden Begriff anfügt. Die wichtigsten Fragepronomina:

ima-	was	**pi-**	wer
maypi-	wo	**mayman-**	wohin
maymanta-	woher	**imayna-**	wie
hayka-	wieviele	**maychika-**	wieviel
haykapi-	wann	**imanasqa-**	warum
mayqen-	welche(-r, -s)	**imaynapi-**	für wieviel
mayna-	wie groß	**imaynanpi-**	wie nur, wieso

ima-taq kay
was-? dieses
Was ist dies?

ima-taq chay
was-? jenes
Was ist jenes?

ima-taq wak
was-? jenes
Was ist jenes?

ima-taq suti-yki
was-? Name-dein
Wie heißt Du?

maypi-taq yacha-nki
wo-? wohnen-du
Wo wohnst Du?

imanasqa-taq runasimi-ta yachaku-nki
warum-? Quechua-[1] lernen-du
Warum lernst Du Quechua?

imaynapi-taq chay mati-ta rantiku-nki
für wieviel-? jene Mati-[1] verkaufen-du
Was kostet diese Mati? Für wieviel verkaufst Du diese Mati?

Mati's sind mit kunstvollsten Gravuren versehene kleine Kalebassen - eine kleine Kürbisart -, herrliches Mitbringsel!

Nun wollen wir auf ein paar Fragen antworten:

maypi-taq mati-kuna-ta ranti-nki
wo-? Mati-viele-[1] kaufen-du
Wo kaufst Du Mati?

kay sumaq mati-kuna-ta plasa-pi-m ranti-ni
diese schön Mati-viele-[1] Markt-auf dem-[2] kaufen-ich
Diese schönen Mati kaufe ich auf dem Markt.

ima-taq suti-yki
was-? Name-dein
Wie heißt Du?

Pedro suti-y-mi
Pedro Name-mein-[2]
Ich heiße Pedro.

maypi-taq yacha-nki
wo-? wohnen-du
Wo wohnst Du?

Alimania-pi-m yacha-ni
Deutschland-in-[2] wohnen-ich
Ich wohne in Deutschland.

imanasqa-taq kaypi ka-nki
warum-? hier sein-du
Warum bist Du hier?

runasimi yachaku-na-y-paq hamu-ni-m
Quechua lernen-zukünftig-mein-für kommen-ich-[1]
Ich komme, um Quechua zu lernen.

mayman-taq paqarin chuta-nki
wo-nach-? morgen reisen-du
Wohin reist Du morgen?

paqarin-qa Ayakuchu llaqta-man-mi chuta-ni
morgen-[4] Ayacucho Stadt-nach-[2] reisen-ich
Morgen reise ich nach Ayacucho.

Noch einige Anmerkungen zur Informationsfrage. Da nicht vorherzusehen ist, mit welchen Situationen Sie es zu tun haben werden, müssen Sie unbedingt noch folgendes wissen:

Informationsfragen kann man statt mit dem höflichen **-taq** auch mit dem nachdrücklichen **-m** formulieren, indem man **-m** dort anfügt, wo sonst eben **-taq** steht. Solch eine Frageform kann aber heikel sein, da **-m** in dieser Anwendung auch einen unhöflichen Unterton haben kann, etwa: "Was sagst du mir da?!".

In der Informationsfrage benutzt der Quechua-Sprecher das **-m** allerdings auch da, wo er persönliche Gefühle einbringen oder "emphatisch" werden möchte. So kann bei gleicher Wortwahl

imayna-m ka-nki (Wie geht es dir?) bedeuten:

- Wie geht's? - (Na sag' halt schon!)
- Wie geht es Dir bloß? - (Ich mache mir Sorgen!)
- Wie geht es Dir? - (Lange nichts von Dir gehört!)

Um beim Angesprochenen falsche Eindrücke zu vermeiden, empfiehlt es sich, stets zu betonen, daß man nur wenig Quechua spricht - das entschuldigt fast alles:

runasimi-ta rima-nki-chu
Quechua-[1] sprechen-du-?
Sprichst Du Quechua?

pisi-lla*-ta-m rima-ni * höflich/einschränkend
wenig-nur-[1]-[2] sprechen-ich
Ich spreche (es) nur wenig!

imanasqa-taq pisi-lla-ta rima-nki
warum-? wenig-nur-[1] sprechen-du
Warum sprichst Du (es) nur wenig?

runasimi ancha sasa-m*
Quechua sehr schwierig-es ist
Quechua ist sehr schwierig!

(* Wie Sie später sehen werden, können Sie diese Frage auch entschuldigend-rechtfertigend beantworten; dazu benötigt man das Suffix **-miki.** Die "optimale" Antwort auf die Frage, warum man nur wenig Quechua spricht, oder wieso man das eine oder andere vielleicht falsch gesagt hat, wäre: **runasimi ancha sasamiki**.)

-ta in der Frage

Es gibt Fragestellungen, die eine grammatische Form enthalten, die in unserem Verständnis ein Akkusativ ist. Der Quechua-Sprecher sieht hier jedoch wieder eine zielgerichtete Handlung, weshalb er logischerweise auch ein "Richtungssuffix", eben **-ta**, einsetzt. Das Verb **ruway** (machen, tun) kennzeichnet eine solche Handlung, ungefähr: "etwas machen, gerichtet auf das Ziel, ...". Im Rahmen einer Frage mit **ruway** ist daher stets das Suffix **-ta** zu setzen.

Das Suffix folgt immer der Wurzel und steht vor dem Fragesuffix.

ima-ta-taq ruwa-nki
Was machst Du?

Höflichkeitsformen

"Du" und "Sie" werden im Quechua nicht unterschieden. Statt dessen setzt man unterschiedliche Höflichkeitsformen ein, die sich zum Teil nicht wörtlich in die deutsche Sprache übertragen lassen. Hierzu verwendet man die Suffixe

-yku **-lla** **-cha**	
-yku	(an Verben) bedeutet: etwas mit Hingabe tun, Herzlichkeit, Anteilnahme, Höflichkeit und vieles mehr
-lla	bedeutet: Verkleinerung, Einschränkung, Verniedlichung, Höflichkeit
-cha	bedeutet: Verkleinerung, Verniedlichung, Bitte

Im Zusammenwirken dieser drei Suffixe hat das Quechua zahlreiche Möglichkeiten, Höflichkeit und persönliche Beziehungen zu variieren. Hiermit wird auch (im weiteren Sinne) das unterschieden, was wir im Deutschen mit "Du" und "Sie" tun.

Es gilt als höflich und freundlich, eben als "guter Ton", über eigenen Besitz einschränkend und verkleinernd zu sprechen.

kanka-cha-y-ta miku-lla-ni-m
Braten-klein-mein-[1] essen-nur-ich-[2]
Ich esse nur meinen (wertlosen) kleinen Braten.

plasa-pi-m qowi-cha-lla-y-kuna-ta rantiku-yku-lla-ni
Markt-auf-[2] Meerschweinchen-klein-klein-viele-[1] verkaufen-[3]--ich*
Ich verkaufe auf dem Markt nur meine kleinen, niedlichen Meerschweinchen.

* höfliche Einschränkung, etwa: „nur"

Tiere und Pflanzen

llama	Lama
allqo	Hund
atoq	"Fuchs", "Wolf" (wildhundähnliches Raubtier)
ubiha	Schaf
chita	Lieblingsschaf
ukumari	(Brillen-)Bär
misi	Katze
qowi	Meerschweinchen
wallpa	Huhn
urpay	Taube
ñuñuma	Ente
kuntur	Kondor
luwichu	bestimmte Art Reh
waka	Kuh
buwis	Ochse
kaballu	Pferd
machaqway	Schlange
tuku	Eule
chuseq	Käuzchen
chuspi(-cha)	Fliege
ukucha	Maus
anas	Stinktier
aqaruway	Heuschrecke

sacha	Baum
qora	Gestrüpp, Grünzeug, Kräuter
sara	Mais
papa	Kartoffel
kulis	Kohl
choqllo	Maiskolben
aqí	Kapsikumpfeffer
wayta	Blume
trigu	Weizen
siwada	Gerste

-kama, das "begrenzende" Suffix

Wenn Sie zum Ausdruck bringen wollen, daß eine Handlung zeitlich oder räumlich begrenzt ist, müssen Sie dazu das Suffix **-kama** einsetzen. Es wird an das Hauptwort angefügt, das begrenzt werden soll. Das ist ganz einfach, da es mit "bis" übersetzt werden kann.

inti-pa wischu-na-n-kama llamka-ni-m
Sonne- untergehen-zuk.-*-bis arbeiten-ich-*[2]
Ich arbeite bis zum Sonnenuntergang.

* Besitzanzeige Teil 1 & 2; wörtl.: "der Sonne ihr Untergehen"

paqarin-kama
morgen-bis
Bis morgen.

tupa-na-nchik-kama
treffen-zuk.-unser-bis
Auf Wiedersehen!

hamu-na-n-kama suya-lla-ni-m
kommen-zuk.-sein-bis warten-nur-ich-[2]
Ich warte nur, bis er kommt.

Die Verdoppelung

Wenn man im Quechua eine Aussage verstärken will, etwa weil eine bestimmte Eigenschaft besonders auffallend oder stark entwickelt ist, kann man das sehr leicht durch Verdoppelung des jeweiligen Eigenschaftswortes (Adjektiv) tun. Man setzt das betreffende Wort einfach zweimal unmittelbar hintereinander. Endet das Eigenschaftswort auf einem Konsonanten, dann verliert das erste der beiden Wörter seinen Endkonsonanten; endet es dagegen auf einem Vokal, wird beiden Eigenschaftswörtern ein /**y**/ angefügt. Leider gibt es hier etliche Ausnahmen, zunächst jedoch einige regelmäßige Formen:

konsonantische Endung		vokalische Endung	
hatun	groß	**qanra**	schmutzig
hatu-hatun	riesengroß	**qanray-qanray**	total verdreckt
sumaq	schön	**qella**	faul
suma-sumaq	wunderschön	**qellay-qellay**	stinkfaul

AUSNAHMEN:	**taksa**	klein
	piña	ärgerlich, wild
	pisi	wenig
	sasa	schwierig
	sakri	schlau
	karu	weit
	sinka	betrunken

werden zur Verstärkung ohne jede Veränderung verdoppelt, z.B.:

karu	weit	**karu-karu**	sehr weit

Hauptwörter

Werden Hauptwörter verdoppelt, drückt man damit aus, daß eine große Anzahl von etwas vorhanden ist. Beispiele dazu:

sacha - Baum	**sacha-sacha** - viele Bäume/Wald
puyu - Wolke	**puyu-puyu** - viele Wolken/starke Bewölkung

Zeitliche Begriffe

Setzt man zeitliche Begriffe aneinander, dann drückt man damit einen zeitlichen Verlauf aus, z.B.:

punchaw-punchaw	von Tag zu Tag
killa-killa	von Monat zu Monat
wata-wata	von Jahr zu Jahr

Geographische Begriffe

Verdoppeln geographischer Begriffe schließlich ergibt eine Richtungsangabe, z.B. einer Reise- oder Wanderroute:

orqo-orqo	von Berg zu Berg
wayqo-wayqo	von Tal zu Tal
allpa-allpa	von Land zu Land

Die Verlaufsform

Handlungen und Tätigkeiten, die nur für eine gewisse, eingeschränkte Zeit stattfinden, werden im Quechua oft mit der sog. Verlaufsform ausgedrückt. Vergleiche im Deutschen: "Ich bin am Arbeiten".

Das funktioniert im Quechua wesentlich einfacher als im Deutschen; man setzt nur das Suffix **-chka** unmittelbar hinter den Verbstamm. Anschließend folgen die Suffixe für Höflichkeit und Konjugation.

llamka-chka-nku-m
arbeiten-gerade-sie-[2]
Sie sind am Arbeiten. / Sie sind dabei zu arbeiten.

taki-chka-yku-ni-m
singen-gerade--ich-* [2] * etwa: „mit Hingabe, Freude"
Ich singe mit Freude (im Moment).

miku-chka-n
essen-gerade-er
Er ist am Essen. / Er ißt gerade.

Die Verlaufsform wird -makaber oder Realitätssinn?- auch auf das eigene oder das Leben anderer angewendet, und zwar grundsätzlich:

kawsa-chka-ni
leben-gerade-ich
Ich lebe. / Ich bin am Leben.

Pedro-chu ka-chka-nki
Pedro -? sein-gerade-du
Bist Du Pedro?

Anmerkung: Ich übersetze das Suffix **-chka** hier immer mit "gerade". Es bedeutet natürlich sinngemäß auch: "zur Zeit tun", "dabeisein, etwas zu tun".

Transitionale Suffixe

Bitte nicht erschrecken: Das hört sich viel schlimmer an, als es ist! Es gibt nur kein deutsches Wort, was diese für das Quechua typische grammatische Form bezeichnen könnte.

Transitionale sind Suffixe, die eine Handlung bezeichnen, die von einer Person zur anderen stattfindet. Sie werden an Verben angefügt, und zwar nach eventuellen Suffixen für Höflichkeit usw.

Es gibt eine ganze Reihe Transitionale, wir wollen uns aber nur die wichtigsten merken und uns gleich einmal ansehen, wie praktisch das ist, und wie's funktioniert:

-yki	ich - dich / dir	**-wankichik**	ihr - mich / mir
-wanki	du - mir / mich	**-wan**	er - mich / mir
-ykichik	ich - euch	**-sunki**	er - dir / dich

kuya-yki-m
lieben-ich>dich-[2]
Ich liebe Dich.

wayllu-wanki-chu
innig lieben-du>mich-?
Liebst Du mich innig?

suti-y-ta willa-ykichik
Name-mein-[1] *mitteilen-ich>euch*
Ich nenne Euch meinen Namen.

llaqta-ykichik-ta qawachi-wankichik-chu
Dorf-euer- [1] *zeigen-ihr>mir- ?*
Zeigt Ihr mir Euer Dorf?

miku-y-ta apamu-wa-chka-n
Essen--*[1] *bringen-mir-gerade-er*
Er bringt mir gerade das Essen.

* Verb zum Hauptwort

masi-y qollqe-ta qo-sunki
Kollege-mein Geld-[1] *geben-er>dir*
Mein Kollege gibt Dir das Geld.

Sie sehen, die Transitionale ersparen uns lange und schwierige Satzkonstruktionen und ermöglichen eine elegante, geschickte Ausdrucksweise.

Achtung, wenn Sie das Suffix der Verlaufsform, **-chka**, mit einsetzen - es trennt die Transitionale auf, die /**wa**/ enthalten:

-wa-chka-nki **-wa-chka-nkichik** **-wa-chka-n**

Bei Begrüßungen sind die Transitionale unverzichtbar; wir wollen uns daher nun die Begrüßung ansehen.

Höflich grüßen

Die weiter oben angesprochenen Höflichkeitsrituale des Quechua finden ihren besonderen Ausdruck in den Regeln der Begrüßung - hier gibt es eine feststehende Form, die Sie sich einprägen sollten, da Sie täglich damit umgehen werden.

A: **rima-yku-lla-yki tayta (-y)#**
sprechen-[3]-ich>dich Herr (mein)
Ich begrüße Sie/Dich (mein) Herr!

Wenn man **-y** anfügt, erfolgt Endsilbenbetonung!

B: **chaski-lla-yki-m tayta (-y)#**
erwidern-[3]-ich>dich- Herr (mein)*
Ich erwidere Ihren/Deinen Gruß (mein) Herr!

* Interesse

A: **imayna-lla-taq ka-chka-nki**
wie-[3] -? sein-gerade-du
Wie geht es Ihnen/Dir?

B: **allin-lla-m qam-qá**
gut-[3]- du-??!!*
(Danke) Gut! (Und) Dir (?)

Erst nachdem dieses Ritual abgelaufen ist, erkundigt man sich nach weiteren Dingen. Sie werden dann auch so gut wie immer nach dem woher, wohin, warum und wieso ausgefragt werden.

Besondere Betonung

Wie Sie bei der Begrüßung gerade gesehen haben, läßt sich durch Verlegen der Betonung von der vorletzten auf die letzte Silbe (Endsilbe) mit bestimmten Suffixen und geringem Lernaufwand die Ausdrucksfähigkeit erheblich erweitern. Bei Beantwortung der Frage

imaynallataq kachkanki - Wie geht es Dir? haben wir gesagt:
allinllam qamqá - (Danke) Gut! (Und) Dir? (betont)

Wenn wir - wie der Akzent auf **-qá** fordert - den hier verwendeten "Topic Marker" **–qa**, der ja immer als letzte Silbe steht, betonen (**-qá**), dann heben wir damit das ganze Wort hervor:

qam du
qam-qá du (hervorgehoben), entspricht etwa: (und) DIR?/(und) DU?

Es gibt noch mehr Suffixe, die, als letzte Silbe betont, besondere Hervorhebung des Wortes, gewissermaßen dessen doppelte Unterstreichung, bewirken. Beispiele:

Suffix **-ya** (endsilbenbetont: **-yá**) Suffix **-wá** (stets endsilbenbetont)

Ohne Endsilbenbetonung ist **-ya** ein Vokativ, es bezeichnet einen Ausruf, der positiv oder negativ gemeint sein kann:

tayta-lla-ya	Mein Gott!, Oh Herr!
achachallaw-ya	Wie furchtbar!

Mit Endsilbenbetonung richtet man mit **-yá** eine Aussage an jemanden, und zwar mit Nachdruck

qam-yá - DU! (bist gemeint) **haywa-yá** - Gib schon her!

Das Suffix **-wá** rückt eine Aussage in die Nähe des Pathetischen: es kennzeichnet ungefähr das, was wir als "große Geste" oder "starke Redeweise" bezeichnen. Man kann es auch ungefähr mit der Sprache einer dramatischen Heldenfigur vergleichen, eine wörtliche Übersetzung ist meist unmöglich. Zwei Beispiele:

paqarin hamu-nkichik-wá
morgen kommen-ihr-(pathetische Betonung)
Oh, so kommt doch morgen!

pisi miku-y-ta miku-sun-wá
wenig Essen--[1]essen-wir-*(pathetische Betonung) *Verb zu Hauptwort
(So) Laßt uns (denn) das bißchen Essen verzehren!

-sun "wir" (Zukunft), hier im Sinne von "laßt uns..."

Ausrufe

alalaw	Wie kalt!, Was für eine Kälte!
achachaw	Wie schade!, Donnerwetter!
achachallawya	Wie furchtbar!
achachay	Wie furchterregend!
atataw	Wie ekelhaft!, Wie häßlich!
atatallaw	Wie scheußlich!
akakallaw	Wie schade!
ahaw	Wie komisch!, Wie lustig!

ayayaw	Au! (Schmerz)
akakaw	Au! (Verbrennung), Ist das heiß!
anallaw	Wie wunderbar!, Wie lecker!
atakachaw	Welche Freude!
isisis	Wie großartig!, Enorm!
yaw	Hallo!, O je!
haku	Laß(t) uns gehen!
ay	Oh!
paw	Nichts da!, Nichts mehr da!
haw	Ist das scharf!
aqá	Aha!, Das also!, So also!
yanqataq	Vorsicht!, Aufgepaßt!
uy uy	Ach!, Oh weh! (nur bei Frauen!)
kaychikankaray	Wie groß!, Wie dick!
ima sumaq	Wie schön!
ima sonqo	(Ausdruck des Mitleids)
upallay	Ruhe!, Schweigt still!
mapas	Du wirst sehen!, Ihr werdet sehen!
kusa	Gut!

imanasqa manataq	Warum nicht?
mana(m) imapas	nichts
mana(m) pipas	niemand

Die meisten Ausrufe auf /**aw**/ sind endsilbenbetont. (Es bestehen starke persönliche Abweichungen.)

-rayku, das "begründete" Suffix

Zur Begründung, warum oder weshalb man etwas tut, wird das Suffix **-rayku** als Zweckangabe an das Wort angefügt, welches den Zweck angibt. Oft findet man **-rayku** an Tätigkeits- oder Geschehenswörtern, die mit **-na** zum Hauptwort gemacht wurden. Beispiele:

kusi-na-yku-rayku taki-niku-m
freuen-zuk.-wir-wegen singen-wir-[2]
Wir singen, weil es uns Spaß macht.

qollqe-rayku-chu llamka-nki
Geld-für/wegen-? arbeiten-du
Arbeitest du wegen des Geldes ("für Geld")?

chay tukuy-ta warmi-y-rayku-m ruwa-yku-ni
jenes alles-[1] *Frau-mein-wegen-*[2] *tun-*-ich*   * intensiv
Ich tue das alles wegen meiner Frau.

Sie sehen, man kann **-rayku** mit "weil" oder "wegen" übersetzen. Die Anwendung dieses Suffixes ist sehr leicht, schafft aber trotzdem zahlreiche weitere Ausdrucksmöglichkeiten.

-miki, ein vielseitiges Suffix

Dies ist ein vielseitiges Suffix, das sich in einer Vielzahl von Fällen recht problemlos anwenden läßt. **-miki** wird an das Wort angefügt, welches eine der oben genannten Funktionen übernehmen soll. Wenn wir etwas begründen bzw. rechtfertigen wollen, geht das so:

imanasqa-m sinka ka-chka-nki
warum-?[2] *betrunken sein-gerade-du*
Warum nur bist du (so) betrunken?

kay punchaw llaki-chka-ni-miki
diesen Tag traurig sein-gerade-ich-weil
Ich bin doch heute so traurig!

imanasqa-taq mana yanapa-wanki
warum-?nicht helfen-du>mir
Warum hilfst du mir nicht?

onqo-chka-ni-miki
krank sein-gerade-ich weil
Ich bin doch krank!

Die vorstehenden Beispiele geben auch bereits einen Begriff davon, wie sich der Quechua-Sprecher entschuldigend rechtfertigt.

Als Ausdruck der Selbstverständlichkeit, in der Art von "... klar, daß ich dies und jenes tun werde ...!", ist **-miki** auch anwendbar:

wak-qa ancha llasa qepi-kuna apamu-ni-ya
Jene-! sehr schwer Last-Mehrzahl bringen-ich-(ach)
Jene (da!) sehr schweren Lasten bringe ich her (ach!)

yanapa-yki-miki allin runa-y
helfen-ich>dir-natürlich gut Mann-mein
Natürlich helfe ich Dir, mein guter Mann!

Die Suffixe -ña, -raq (schon, noch)

Die Suffixe **-ña** und **-raq** ordnen Geschehnisse und dergleichen zeitlich ein. Sie entsprechen weitgehend den deutschen Formen "schon" und "noch": "Ich komme schon", bzw. "Du bist noch hier".

Zu Ihrer Freude sind auch diese beiden Suffixe, die in der täglichen Unterhaltung häufig vorkommen, leicht anwendbar: Man hängt sie jeweils an das Wort an, dessen Zuordnung oder Zustand dargestellt werden soll:

qari churi-y hatun-ña-m *Kind vom Vater aus gesehen
Mann Nachkomme-mein groß-schon-er ist*
Mein Sohn ist schon groß aus gesehen.

inti lloqsi-chka-n-ña haku-wa
Sonne herauskommen-gerade-sie-schon laßt uns gehen-!!!
Die Sonne geht schon auf, laßt uns doch gehen!

-raq wird prinzipiell genauso angewendet:

wawa-yki uchuy-raq-chu
Kind-dein klein-noch
Ist Dein Kind noch klein?

iskay killa-paq-raq kaypi yacha-yku-ni-m
zwei Monat-für-noch hier wohnen--ich-²* * (gerne)
Ich wohne noch für zwei Monate hier.

chay warmi-ta kuya-ni-raq-mi
jene Frau-¹ lieben-ich-noch-²
Ich liebe jene Frau noch (immer).

Das Suffix –wan (und, mit)

Wenn in einem Satz mehrere Hauptwörter vorkommen, die in Beziehung zueinander stehen (z.B. mehrere handelnde Personen), dann wird dies mit Hilfe des Suffixes **-wan** ausgedrückt. Sind zwei Hauptwörter in Bezug zu setzen, etwa zwei Namen, dann bedeutet **-wan**, wenn es am ersten Hauptwort hängt "und", wenn es dagegen dem zweiten Hauptwort angefügt wird "mit". Das hört sich schlimmer an, als es ist, denn es geht ganz leicht, Beispiele:

Felipe-wan Alfredo mayu-man ri-nku
Felipe-und Alfredo Fluß-¹ gehen-sie
F. und A. gehen zum Fluß.

Felipe Alfredo-wan mayu-man ri-n
Felipe Alfredo-mit Fluß-¹ gehen-er
F. geht mit A. zum Fluß.

Beachten Sie, daß sich auch das Suffix der Konjugation ändert, es ist nämlich ein Unterschied, ob Felipe und Alfredo gehen, oder ob Felipe mit Alfredo geht! Diese Verschiebung ist ähnlich wie im Deutschen, sollte also keine Schwierigkeiten verursachen.

Mit **-wan** können auch mehr als zwei Personen in Bezug gesetzt werden, etwa in Aufzählungen:

Antonio-wan Raul-wan Jeronimo-wan llamka-nku
Antonio-und Raúl-und Jeronímo-und arbeiten-sie
Antonio, Raúl und Jeronímo arbeiten.

Ferner hat **-wan** auch instrumentale Bedeutung; es drückt aus, womit etwas getan wird. Beispiele:

trigu-ta rutuna-wan rutu-nkichik
Weizen-[1] Sichel-mittels schneiden-ihr
Ihr schneidet den Weizen mit der Sichel.

warmi chupi-ta wislla-wan taqa-chka-n
Frau Suppe-[1] Schöpfkelle-mit austeilen-gerade-sie
Die Frau teilt die Suppe mit dem Schöpflöffel aus.

manka-ta nina-wan qoñi-ya-chi-nku
Topf-[1] Feuer-mit heiß-werden-machen-sie
Sie erhitzen den Topf mit (mittels) Feuer.

Das Suffix -chi

Im letzten Beispielsatz haben wir ein neues Suffix, das eigentlich kaum großartig erklärt werden muß: **-chi**. Es drückt aus, daß etwas "veranlaßt" wird. Auch mit diesem Suffix läßt sich wieder eine Unzahl von Wörtern selbst "basteln". Sie können es an passende Tätigkeitswörter (an den Stamm) anfügen und gewinnen damit neue Begriffe. Beispiele:

wañuy	sterben	**wañu-chi-y**	töten (= veranlassen zu sterben)
llakiy	traurig sein	**llaki-chi-y**	betrüben

Es gibt im Quechua viele Begriffe, in denen **-chi** bereits enthalten ist, Beispiel:

kamayoq	Amtsinhaber, Funktionsträger
kama-chi-y	befehlen

Wenn Sie zurückblättern zum Kapitel "Eigenschaftswörter zu Geschehens- und Tätigkeitswörtern machen", werden Sie von selbst auf weitere Anwendungsmöglichkeiten von **-chi** kommen. Beispiele:

qoñi	heiß	**qoñi-ya-y**	heiß werden
qoñi-ya-chi-y	erhitzen		
hatun	groß	**hatun-ya-y**	groß werden
hatun-ya-chi-y	aufziehen (Kinder)		

Das geht auch mit Hauptwörtern:

perqa	Wand	**perqa-cha-y**	eine Wand machen
perqa-cha-chi-y	veranlassen, eine Wand zu machen (zu bauen)		

Die Beispiele ließen sich nahezu beliebig fortsetzen; sicher aber ist Ihnen an den wenigen Beispielen klar geworden, welche Menge von Möglichkeiten das Quechua besitzt.

Weitere Bindesuffixe

Das Suffix **-ntin** hat die Aufgabe, Personen oder Dinge zueinander in Bezug zu setzen. Seine Bedeutung entspricht praktisch der deutschen Formulierung "zusammen mit". Gleich einige Beispiele:

warmi qosa-n-ni-ntin plasa-man ri-chka-n
Frau Ehemann-ihrer--zusammen mit Markt-[1] gehen-sie* *Leermorphem
Die Frau geht zusammen mit ihrem Ehemann zum Markt.

Aus Spaß an der Freude erweitern wir diesen Satz mit weiteren grammatischen Formen, die Sie ja jetzt schon beherrschen, und gelangen so zu "richtiger" Sprache, arbeiten uns von den Kürzestformen zur Umgangssprache vor:

warmi qosa-n-ni*-ntin plasa-man ri-chka-n huk
Frau Ehemann-ihrer--zusammen mit Markt-[1] gehen-ger.-sie*
llama-cha-lla ranti-na-nku-paq *Leermorphem
ein Lama-klein-klein kaufen-zukünftig-ihr-für
Die Frau geht zusammen mit ihrem Ehemann zum Markt, um (dort) ein ganz kleines Lama zu kaufen.[+]

[+] Einzahl: "die Frau geht", jedoch Mehrzahl: "um zu kaufen". Begründung: Daß zwei Personen gehen, wird aus der Handlung deutlich, es wird jedoch betont, daß das Kaufen eine Angelegenheit beider ist.

Andres wawqe-n-ni-ntin iskwila-pi yachaku-n
Andres Bruder-sein--zusammen mit Schule-in lernen-er*
Andres lernt zusammen mit seinem Bruder in der Schule.

aber: **Andres-wan wawqe-n iskwila-pi yachaku-nku**
Andres-und Bruder-sein Schule-in lernen-sie
Andres und sein Bruder lernen in der Schule.

Anders als **-ntin,** das Wörter verbindet, stellt **-ñataq** die Verbindung von zwei Teilsätzen her, wobei diese meist in einem Kontrast zueinander stehen:

warmi-kuna sira-nku[+] wawa-kuna-ñataq pukila-nku
Frau-viele nähen-sie Kind-viele-indessen spielen-sie
Die Frauen nähen, die Kinder aber spielen.

[+] Quechua ist völlig logisch: Da durch das Pluralsuffix **-kuna** bereits klar ist, daß es sich um die Mehrzahl handelt, kann am Verb ebensogut die 3. Person der Einzahl, **-n**, stehen. Der Satz würde dann lauten: **warmikuna siran wawakunañataq pukllan**.

runa yanta-ta cheqta-n warmi-n-ñataq yanu-n
Mann Brennholz-[1] spalten-er Frau-sein-aber kochen-sie
Der Mann spaltet Brennholz, seine Frau aber kocht.

Ayakuchu-man ri-n ñoqa-ñataq Kusku-man-mi
Ayacucho-nach gehen-er ich-aber Cuzco-nach-es ist
Er geht nach Ayacucho, ich aber nach Cuzco.

Aufzählen mit "ima"

Im Kapitel über das Bindesuffix **-wan** haben wir am Schluß ein Beispiel gesehen, in dem drei Personen aufgezählt wurden. Zur Kennzeichnung der Aufzählung erhielt jede das Suffix **-wan**.

Je nach Menge dessen, was Sie aufzählen wollen, wird das **-wan** aber lästig oder wirkt ungeschickt. Eine elegante Möglichkeit bietet das Wörtchen **ima** (kein Suffix!), das immer dann eingesetzt werden kann, wenn mehr als zwei Dinge oder Personen aufgezählt werden sollen. Dazu setzt man alle aufzuzählenden Begriffe einfach hintereinander und kennzeichnet dann das Ende der Aufzählung mit **ima**:

Antonio Raul Jeronimo ima llamka-nku
Antonio Raúl Jeronímo und arbeiten-sie
Antonio, Raúl und Jeronímo arbeiten.

Das Wörtchen **ima** ist aber auch da benutzbar, wo im Deutschen in einem Satz etliche Tätigkeitswörter vorkommen, wie etwa:

kay llaqta-pi para-n chiri-n lasta-n ima
dieses Dorf-in regnen-es kalt sein-es schneien-es (Aufzählung)
oder: **para-n chiri-n lasta-n ima kay llaqta-pi**
regnen-es kalt sein-es schneien-es (Aufzählung) *dies Dorf-in*
In diesem Dorf ist es kalt, es regnet und es schneit.

-pas, das Suffix für "auch"

Oftmals benötigt man in einer Aussage die Formulierung "... auch ich", "... er auch" und so weiter. Dies machen wir im Quechua mit dem Suffix **-pas**, welches an Haupt- und Tätigkeitswörter angefügt werden kann - und zwar immer ganz am Schluß, d.h. andere Suffixe stehen immer vor dem **-pas**. (Ausnahme: **-m**/**-mi**)

Sie können **-pas** ferner mit "selbst" oder "sogar" übersetzen; genaueres muß man dem jeweiligen Textzusammenhang entnehmen. Hier einige Beispiele, die das Gesagte deutlich machen:

Piruw-man ri-chka-niku
Peru-nach gehen-gerade-wir(-)
Wir gehen (=fahren) gerade nach Peru.

pay-pas ri-chka-n
er-auch gehen-gerade-er
Auch er geht (=fährt) gerade.

wawa-kuna-pas taki-nku
Kind-viele-auch singen-sie
Auch die Kinder singen.

oder:

wawa-kuna taki-nku-pas
Kind-viele singen-sie-auch
Die Kinder singen auch.

Sie sehen, daß die Akzentlage, das heißt, die Lage der Aussage, mit **-pas** auf den Begriff zu legen ist, dessen "auch-Funktion" dargestellt werden soll. Die Bedeutung verschiebt sich ähnlich wie im Deutschen, wie Sie an dem Beispiel mit den Kindern sehen können.

Hier noch einige praktische Beispielsätze, die Sie in dieser Form in der Unterhaltung gebrauchen können:

plasa-pi qata-ta ranti-nki-chu
Markt-auf Decke-[1] kaufen-du-?
Kaufst du auf dem Markt eine Decke?

arí qata-ta ranti-ni mati-ta-pas muna-ni-m
ja, Decke-[1] kaufen-ich Mati-[1]-auch mögen-ich-[2]
Ja, ich kaufe eine Decke, ich möchte (aber) auch eine Mati.

pay-paq-taq mati-ta ranti-nki
er-für-(wer)? Mati-[1] kaufen-du
Für wen kaufst du die Mati?

wawqe-y-paq-mi
Bruder-mein-für-es ist
Für meinen Bruder.

pani-yki-paq-pas waki-ta apamu-nki-chu
Schwester-dein-für-auch etwas-[1] mitbringen-du-?
Bringst du auch für deine Schwester etwas mit?

pani-cha-y-paq chompa-ta-qa apamu-ni-pas-mi
Schwester-(chen)-mein-für Pullover-[1]-[4] mitbringen-ich[2]
Für meine liebe Schwester bringe ich sogar einen Pullover mit!

-manta, 1 Suffix, 5 Bedeutungen

In fast allen Grammatiken wird **-manta** gemeinsam mit den Richtungssuffixen behandelt. Ich habe es jedoch davon abgetrennt, weil ich es aufgrund seiner Vielseitigkeit separat besprechen möchte.

Das Suffix **-manta** hat fünf verschiedene Bedeutungen bzw. Funktionen -

woher, seit wann

Es zeigt an, woher jemand kommt, oder seit wann ein Zustand besteht bzw. wann er eingetreten ist:

Alimania-manta hamu-niku
Deutschland-aus/von kommen-wir
Wir kommen aus Deutschland. (= örtlich)

qayna punchaw-manta onqo-chka-ni-m
letzten Tag-seit krank sein-gerade-ich-[2]
Seit gestern bin ich krank. (= zeitlich)

mincha Ayakuchu-manta kuti-nku
übermorgen Ayacucho-aus zurückkehren-sie
Übermorgen kehren sie aus Ayacucho zurück.
(= Richtungsfunktion in Verbindung mit Zeit und Ort)

Grund

chawpi tuta-manta mana-m lloqsi-ni-chu
halb/Hälfte Nacht-weil nicht-[2] *hinausgehen-ich-nicht*
Weil es Mitternacht ist, gehe ich nicht hinaus.

Material

mitu-manta wasi-cha-ta ruwa-nku
Lehm-aus Haus-klein-[1] *machen-sie*
Sie bauen das Häuschen aus Lehm.

ichu-manta qata-ta ruwa-ykichik
Ichu-aus Dach-[1] *machen-ihr*
Ihr macht das Dach aus Ichu.
(Ichu = hartes Gras)

von, über

qam-manta rima-ni
du-über sprechen-ich
Ich rede von dir.

pani-cha-y-manta waqa-chka-ni-m
Schwester-klein-mein-über weinen-gerade-ich-[2]
Ich weine über meine kleine Schwester.

Vergleich

Zur Bildung eines Vergleiches benötigen wir zusätzlich noch die Vokabel **aswan**. Folgende Reihung ist zu beachten: Vergleichsobjekt -**aswan** -Eigenschaftswort; Vergleichsobjekt mit -**manta**.

kay sacha aswan machu chay-manta
dieser Baum mehr alt jener-als
Dieser Baum ist älter als jener.

kay mati aswan sumaq chay-manta
diese Mati mehr schön jene-als
Diese Mati ist schöner als jene.

Pedro aswan hatun Felipe-manta
Pedro mehr groß Felipe-als
Pedro ist größer als Felipe.

Natürlich kann man in den Vergleichen auch Nachdruck bzw. eigene Erfahrung mit -**m**/-**mi** ([2]) darstellen:

Marcelina aswan wayna Rosita-manta-m
Marcelina mehr jung Rosita-als-[2]
Marcelina ist jünger als Rosita.

kanka aswan miski papa-manta-m
Braten mehr lecker Kartoffel-als-[2]
Braten ist leckerer als Kartoffel(n).

qaytu-y aswan sumaq-mi qaytu-yki-manta
Gürtel-mein mehr schön-[2] *Gürtel-dein-als*
Mein Gürtel ist schöner als dein Gürtel.

Diesen ganzen Komplex sollten Sie schriftlich und mündlich üben - das gilt natürlich auch für alles, was wir bisher besprochen haben!

Versuchen Sie einfache Sätze zu bilden, schreiben Sie sie zuerst auf, üben Sie dann das Sprechen. Wörter und Suffixe (und natürlich deren richtige Reihung!) müssen Ihnen geläufig werden, damit man vor Ort, wenn es "ernst wird", nicht in's Stolpern gerät.

Das Suffix -q

Wenn man das Suffix **-q** an ein Tätigkeitswort (Verb) anfügt, macht man es damit zum Hauptwort. Dieses Hauptwort bezeichnet dann, daß eine Person eine bestimmte Handlung ausführt. Beispiele:

llamka-q	der Arbeitende, der Arbeiter
taki-q	der Singende, der Sänger
pawa-q	der Laufende, der Läufer

Bei Tätigkeitswörtern, die eine Bewegung bezeichnen ("Verben der Bewegung"), drücken wir mit **-q** einen Vorsatz aus, der der deutschen "um ... zu" - Konstruktion entspricht:

llamka-q ri-chka-nki
Arbeitender gehen-gerade-du (**-q** ist hier nicht wörtlich übersetzbar)
Du gehst jetzt arbeiten.

qam-wan kallpa-q hamu-ni-m
du-mit Laufender kommen-ich-[2]
Ich komme, um mit dir zu laufen.

In allen anderen Fällen, d.h., wenn wir es nicht mit einem Verb der Bewegung zu tun haben, muß die schon erklärte Konstruktion mit **-na** ... **-paq** verwendet werden:

kawsa-na-y-paq miku-ni
Leben-zukünftig-mein-für essen-ich
Ich esse, um zu leben.

-ku, 1 Suffix, 3 Bedeutungen

-ku ist ein "rückbezügliches Suffix" - wobei diese eingedeutschte grammatische Begrifflichkeit nicht restlos erfaßt, was **-ku** so alles kann.

1. Das Suffix **-ku** bezeichnet Handlungen, die man an sich selbst vollzieht, Beispiele:

aywiy	waschen
aywi-ku-y	sich waschen
qaway	betrachten
qawa-ku-y	sich betrachten (z.B. im Spiegel)

2. kann **-ku** Emotionen ausdrücken, es gibt beispielsweise an, ob jemand etwas gerne tut:

yuya-y	sich erinnern
yuya-ku-y	sich gerne erinnern
miku-y	essen
miku-ku-y	mit Genuß essen

3. bezeichnet **-ku** auch typische Eigenschaften einer Person; hier können wir uns gleich eine Redewendung merken:

pay hinam rima-ku-n
er so sprechen-sich-er
Er hat die Eigenart, so zu sprechen. / Er redet (halt) so.

ACHTUNG: **-ku** wird vor **-chi** und **-mu** zu - **ka**!

-naku, das "rückbezügliche" Suffix

Dieses Suffix bezeichnet Handlungen, die zwischen zwei oder mehr Personen ablaufen. Es beinhaltet auch die Vorstellung von Gegenseitigkeit und ist in diesem Sinne bereits Bestandteil etlicher Wörter, wie z.B. **yanapa-naku-y** (sich gegenseitig helfen).

Das Suffix **-naku** wird nur bei Verben verwendet und folgt unmittelbar dem Wortstamm. Beispiel:

rima-y	sprechen	**rima-naku-y**	miteinander sprechen

-naku steht häufig zusammen mit **-sun** (etwa: "laßt uns ...!") und bezeichnet dann gemeinsame Handlungen, die zukünftig gewünscht werden. Beispiele:

willa-naku-sun imam	Wir wollen einander etwas mitteilen!
upya-naku-sun	Wir wollen miteinander trinken!
oder emphatisch verstärkt:	
upya-naku-sun-yá	Laßt uns miteinander trinken!

illa-na-nchik-paq llamka-naku-sun-yá
Laßt uns für unsere Reise gemeinsam arbeiten!

-chusmi, wenn man unsicher ist

Es kommt zuweilen vor, daß eine Aussage in Zweifel gestellt werden muß, etwa: "ich denke, daß ...". Im Quechua fügt man in solchen Fällen **-chusmi** dem Begriff an, der in Zweifel gezogen werden soll. Dieses Suffix kommentiert eine Aussage, kennzeichnet den subjektiven Eindruck, drückt Glauben, Denken, Meinen aus.

paqarin-chusmi hamu-ni
morgen-denke ich kommen-ich
Ich werde wohl morgen kommen.

Pablo machu-ña-chusmi
Pablo alt-schon-ich-denke
Ich glaube, Pablo ist schon alt.

autobus-pi chuta-ni-chusmi
Autobus-im reisen-ich-ich-denke
Ich reise wohl mit dem Omnibus.

qowikanka-ta mana muna-ni-chusmi
Meerschweinchenbraten-[1] nicht mögen-ich-ich-denke
Ich glaube, ich mag keinen Meerschweinchenbraten.
oder: Meerschweinchenbraten mag ich eher nicht.*

Inca-Cola ancha ancha miski-chusmi
Inca-Cola sehr sehr süß-ich-denke
Ich glaube, daß Inca-Cola unheimlich süß ist.*

*siehe "Essen und Trinken"

-puni, wenn man ganz sicher ist

Mit Sicherheit werden Sie irgendwann in die Situation geraten, einer Aussage völlige Bestimmtheit zu verleihen, zu betonen, daß etwas mit absoluter Sicherheit gemacht wird. Oder Sie wollen sagen, daß irgendetwas ganz bestimmt, zweifellos so und nicht anders ist. Zu diesem Zwecke kennt das Quechua das Suffix **-puni**. Man kann **-puni** an Hauptwort- oder auch an Verb-Stämme anfügen. Der Begriff, an dem **-puni** angefügt ist, steht außerhalb jeden Zweifels, ist der Inbegriff der Sicherheit.

Meine große Bitte: Treiben Sie mit **-puni** kein Schindluder, benutzen Sie es nicht, wenn Sie sich nicht völlig und absolut sicher sind! Dieses Suffix ist der stärkste Bestätigungsausdruck im Quechua

- und hier wie auch im Deutschen sollte man mit allen Formen von Superlativen und ähnlichem zurückhaltend sein.

mana-puni Auf keinen Fall!
mana-puni-m* Auf gar keinen Fall!!

* Das Kommentarsuffix **-m** steigert **-puni** dadurch, daß die persönliche Erfahrung zusätzlich eingebracht und gewissermaßen unterstrichen wird.

wawa-n-kuna-paq tukuy-ta ruwa-n-puni
Kind-sein-viele-für alles-[1] tun-er-bestimmt
Für seine Kinder tut er absolut alles!

qollqe chinka-sqa-n-rayku piña-ku-n-puni-m
Geld verlieren-hat-er-wegen ärgern-sich-er-bestimmt-!
Er ärgert sich gewiß, weil er sein Geld verloren hat!

hamu-sqa-yki-wan kusi-ku-ni-puni-m
kommen-geschehen-dein-mit freuen-mich-ich-sehr-!
Über dein Kommen freue ich mich wahnsinnig!

paqarin yanapa-yki-puni-m
morgen helfen-ich>dir-bestimmt-!
Morgen helfe ich dir ganz bestimmt!

-mu, "von hier nach dort"

Hier haben wir es wieder mit einem Suffix zu tun, das eine Richtung angibt - diesmal allerdings eine reine Bewegungs- oder Vorgangsrichtung. Das Suffix **-mu** bezeichnet eine Handlung bzw. Bewegung in eine bestimmte Richtung.

Ob eine Bewegung von "hier nach dort" oder "von dort nach hier" stattfindet, hängt mit der Art des jeweiligen Verbs zusammen. Bei einem "Verb der Bewegung", z.B. **kallpay** (laufen), bezeichnet **-mu**, daß eine Bewegung in Richtung auf den Sprecher erfolgt:

chaski kallpa-mu-chka-n
Bote laufen-hierher-gerade-er
Der Bote läuft hierher (auf den Sprecher zu).

Fehlt jedoch das **-mu**, dann bedeutet dies, daß die Handlung vom Sprecher weg erfolgt:

chaski kallpa-chka-n
Bote laufen-gerade-er (fort von hier)
Der Bote läuft dorthin.

Ferner bedeutet **-mu** bei einem "Verb der Bewegung" eine Bewegung auf den Angesprochenen hin:

watuku-mu-yki kay punchaw
besuchen-(zu)-ich>dich diesen Tag
Ich besuche dich heute.

Berichtet man dagegen über Dritte, dann bezieht sich die Richtungsfunktion auf diese dritte Person:

llaqta-n-man kuti-mu-n
Dorf-sein-nach kehren-zurück-er
Er kehrt in sein Dorf zurück.

Achtung: **-mu** wird niemals mit **hamuy** oder **ripuy** verbunden!

Bei Verben, die Wetterverhältnisse beschreiben, gibt **-mu** an, daß das Ereignis in Richtung auf den Sprecher stattfindet bzw. stattfand:

ancha-ta para-mu-chka-n
sehr- regnen-(nach hier)-gerade-es* *adverbial
Es regnet hier sehr stark (im Moment).

Fehlt bei den "Wetterverben" das **-mu**, dann bedeutet das, daß der Vorgang woanders stattfindet:

ancha-ta para-chka-n
sehr- regnen-gerade-es (woanders)* *adverbial
Es regnet dort sehr stark (und nicht hier).

Die weiteren Möglichkeiten von **-mu** (Stichwort "transitive Verben") kann ich Ihnen hier ersparen, da diese Funktionen auch mit **-man** (beispielsweise) gebildet werden können. Auf das Wesentliche verkürzt, sieht man oben nur die Formen, mit denen man wohl täglich zu tun haben wird - prägen Sie sie sich deshalb bitte sorgfältig ein. Sie wissen ja schon: Kleine Dinge machen im Quechua einen großen Unterschied!

-stin, gleichzeitige Handlungen

Oft ist man gezwungen, das gleichzeitige Geschehen von zwei unterschiedlichen Handlungen bzw. Vorkommnissen auszudrücken, z.B.:

Du	sitzt	schweigend da.	
	1	2	
Er	spricht,	während	er ißt.
	1	2a	2b

Auch im Quechua gibt es natürlich eine Möglichkeit, diese Formen auszudrücken, in denen das sogenannte Gerundium vorkommt. Allerdings können wir auch hier wieder keinen direkten Vergleich zu unserer Sprache anstellen (siehe "Richtungssuffixe"), doch als Gedächtnisstütze dürfte es erlaubt sein, eine gewisse Ähnlichkeit in der Funktion zu erkennen. Im Deutschen endet das Gerundium normalerweise auf der Buchstabenfolge -nd, wie etwa: spiele-nd, schlafe-nd, esse-nd, rufe-nd. Ähnliche Formen werden im Quechua mit dem Suffix **-stin** dargestellt. Dabei wird **-stin** dem Verb angefügt, welches die untergeordnete Handlung angibt. Wenn wir die beiden Beispiele "Du sitzt schweigend da."/"Er spricht, während er ißt." nun übersetzen, erhalten wir im Quechua:

upalla-stin tiya-nki.
schweigend sitzen-du
Du sitzt schweigend (da).

miku-stin rima-chka-n (oder: **rima-n)**
essend sprechen-gerade-er (sprechen-er)
Er spricht, während er ißt.

ACHTUNG: An **-stin** dürfen keine weiteren Suffixe angefügt werden! Ein Verb mit **-stin** gehört als untergeordnetes immer zu dem, das die übergeordnete Handlung bezeichnet. Und dort steht ja das Suffix, das die Person angibt. Statt von "untergeordneter" bzw. "nachgeordneter" Handlung kann man auch von "zusätzlicher Bestimmung" eines Verbs sprechen: "Das Kind spielt", das ist die Handlung (des Kindes). Wie spielt es? "Das Kind spielt singend". In erster Linie spielt das Kind, als nachgeordnete Handlung wird ausgedrückt, daß es dabei singt. Noch zwei Beispiele:

warmi wawa chiri yaku-wan aywi-ku-n waqa-stin
Junge kleines Kind kalt Wasser-mit waschen-sich-er weinend
Der kleine Junge wäscht sich weinend mit dem kalten Wasser.

allqo waqtapa-chka-n puñu-stin
Hund auf der Seite liegen-gerade-er schlafend
Der Hund liegt schlafend auf der Seite.

Redewendungen

nisqaypi hina
in meinem Gesagten so/wie-
"wie ich sagte"

baratullapi rantiy
billig nur im kaufen
"billig kaufen"

baratullapi rantikuy	**ama hina kaspa**
billig nur im verkaufen	*nicht so seiend*
"billig verkaufen"	"bitte"

dyuspagrasunki (auch: **yuspagrasunki**)
Gott bezahle es dir
"danke"

Aufforderung

uyariway	hör mir zu!
uyariwaychik	hört mir zu!
yanapaway	hilf mir!
yanapawayku	hilf uns!

Es ist unbedingt ratsam, diesen Aufforderungen die Wendung für bitte - **ama hina kaspa** - voranzustellen, damit man nicht unhöflich wirkt!

Satzeinleitung

chayri	und so, und dann
chaysi	und so, und dann (nur in Erzählungen)
hinaspa	und dann, sodann
chaymanta	dann
chayna	so

Im Gegensatz zum Deutschen gilt es im Quechua als durchaus "fein", mehrere aufeinanderfolgende Sätze mit stets dem gleichen Wort einzuleiten. Ich kenne ein Quechua-Manuskript aus dem 16. Jahrhundert, in dem fast jeder Satz mit der Floskel **chaysi chay** (etwa "und dann") beginnt.

Besitzanzeige mit -yoq und -sapa

Ziemlich zu Anfang habe ich eine Form der Besitzanzeige mit den Suffixen **-pa** und **-n** erklärt ("Vaters Haus"). Allerdings lassen sich auf diese Weise viele Dinge nicht darstellen. Da wir nun bald zum Ende des Grammatikteils und damit auch endlich zu den Zahlen kommen wollen, wird es Zeit, das besitzanzeigende Suffix **-yoq** zu behandeln. Das **-yoq** kommt gerade bei der Bildung von Zahlen häufig vor. Es wird aber auch dann verwendet, wenn ausgedrückt werden soll, was jemandem gehört.

Das Suffix **-yoq** zeigt ein Besitzverhältnis, das auch eine Zugehörigkeit zwischen Dingen sein kann, direkt an. Statt vieler Worte hier einige Beispiele, die Ihnen sofort klarmachen werden, was gemeint ist:

wasi-yoq ka-nki-chu
Haus-besitzen sein-du-? (bzw.: *Haus-Besitzender...*)
Bist Du Hausbesitzer? / Hast Du ein Haus?

kay runa-qa hatun chakra-yoq-mi
dieser Mann-! großes Feld-Besitzender-er ist
Dieser Mann besitzt ein großes Feld.

allpa-yoq ka-ni-m
Land-Besitzer sein-ich-[2]
Ich besitze ein Stück Land.

mana wawa-yoq pay-mi
nicht Kind-Besitzer sie-ist
Sie hat kein Kind.

kamisa mana maki-yoq
Hemd kein Hand-besitzendes
ärmelloses Hemd

pisi wasi-yoq llaqta
wenig Haus-besitzendes Dorf
Dorf mit wenigen Häusern

Das Suffix -**sapa** funktioniert ganz genauso wie -**yoq**, es drückt aus, daß jemand sehr viel von etwas besitzt. Man setzt es immer dann ein, wenn -**yoq** die Menge des Besitzes nur mit zusätzlichen Vokabeln erfassen würde. Beispiel:

man sagt nicht:	**achka wasi-yoq** *viel Haus-besitzend* viele Häuser besitzend
sondern:	**wasi-sapa** *Haus-vielzählig besitzend*
Ein reicher Mann ist ein	**qollqe-yoq runa** *Geld-besitzender Mann* geldbesitzender Mann

ein "schwerreicher", etwa jemand, der eine große Viehherde besitzt (Besitz vieler Tiere ist nach indianisch-bäuerlichem Verständnis Reichtum), ist dagegen ein

qollqe-sapa runa *Geld-sehr vielbesitzend Mann* sehr viel Geld bzw.	**llama-sapa runa** *Lama-sehr vielbesitzend Mann* sehr viele Lamas besitzender Mann

In Verbindung mit Natur oder Gegenständen steht -**sapa** sehr häufig:

rumi-sapa allpa *Stein-vielbesitzend Land* Land mit sehr vielen Steinen	**chapra-sapa sacha** *Zweig-vielbesitzend Baum* Baum mit sehr vielen Zweigen

yaku-sapa mayu
Wasser-vielbesitzend Fluß
Fluß, der sehr viel Wasser führt

Eine Unterhaltung um das "liebe Geld" könnte ungefähr so aussehen:

mayman-taq illa-na-yki-ta muna-nki
wo-nach-? reisen-zuk.-dein-[1] mögen-du
Wohin möchtest Du reisen?

Kusku llaqta-man-mi
Cuzco Stadt-nach-ich will
Ich will nach Cuzco!

mana-chu chay-paq achka qollqe-ta paga-nki
nicht-? jenes-für viel Geld-[1] bezahlen-du
Bezahlst Du dafür nicht sehr viel Geld?

awriki
ja! (mit Sicherheit)
Na sicher!

qollqe-sapa runa ka-nki-chu
Geld-vielbesitzend Mann sein-du-?
Bist Du sehr reich?/
Bist Du ein sehr reicher Mann?

mana-m qollqe-sapa runa ka-ni-chu
nicht-[2] Geld-vielbesitzend Mann sein ich-nicht
Nein, ich besitze nicht sehr viel Geld.

pisi-lla-ta qollqe-yoq ka-chka-ni-m
wenig-nur-[1] Geld-Besitzer sein-gerade-ich-[2]
Ich besitze nur wenig Geld.

chayri Kusku-man illa-na-yki-ta ati-nki-chu
und dann Cuzco-nach reisen-zuk.-dein-[1] können-du-?
Und dann kannst Du nach Cuzco fahren?

arí unay-ña llamka-yku-ni-m chay-paq-rayku
ja, lange Zeit-schon arbeiten-[3]-ich-[2] jenes-für-wegen
Ja, weil ich schon lange Zeit dafür arbeite!

kuska chuta-sunchik-chu
zusammen reisen-wir werden-?
Wollen wir gemeinsam reisen?

allin-mi kuska chuta-naku-sunchik-yá
gut-! zusammen reisen-miteinander-wir werden-!!
Prima, reisen wir gemeinsam!

Die Zukunft

Im vorstehenden letzten Beispielsatz haben Sie das Suffix **-sunchik** (= wir werden) gesehen. "Wir werden" - das ist unser Stichwort: Wir wollen nun kurz die verschiedenen grammatischen Zeiten des Quechua durchgehen, da Sie diese Formen von Quechua-Sprechern immer wieder hören werden.

Bisher haben wir ja alles in der "Allgemeinen Gegenwart" ausgedrückt, zur Erinnerung noch einmal deren Suffixe:

-ni	ich	**-nchik**	wir(+)
-nki	du	**-niku**	wir(-)
-n	er/sie/es	**-nkichik**	ihr
		-nku	sie

Die Zukunft wird ganz einfach gebildet, indem die Suffixe der "Allgemeinen Gegenwart" gegen die der Zukunft ausgetauscht werden, hier sind sie:

-saq	ich werde	**-sunchik**	wir(+) werden
-nki	du wirst	**-saqku**	wir(-) werden
-nqa	er/sie/es wird	**-nkichik**	ihr werdet
		-nqaku	sie werden

Die Bildung der Zukunft ist so einfach, daß ein einziges Beispiel zur Verdeutlichung genügt:

Gegenwart: **inti wichi-n** = die Sonne geht unter

Zukunft: **inti wichi-nqa** = die Sonne wird untergehen

Gegenwart	**kachay** - schicken	Zukunft
kacha-ni	ich	**kacha-saq**
kacha-nki	du	**kacha-nki**
kacha-n	er/sie/es	**kacha-nqa**
kacha-nchik	wir(+)	**kacha-sunchik**
kacha-niku	wir(-)	**kacha-saqku**
kacha-nkichik	ihr	**kacha-nkichik**
kacha-nku	sie	**kacha-nqaku**

Sie haben oben also links die Form der "Allgemeinen Gegenwart", rechts die Form der Zukunft. Die zweite Person der Einzahl und der Mehrzahl ist bei beiden Zeiten dieselbe - um welche Zeitform es sich in der Praxis jeweils handelt, ist nur aus dem Textzusammenhang zu erschließen.

Die Vergangenheit

"Allgemeine Vergangenheit"

Diese Vergangenheitsform kommt im täglichen Gespräch am häufigsten vor. Sie drückt aus, daß etwas vorüber ist, geschehen ist, ohne zusätzliche Informationen (und Hintergründe) darzustellen.

Auch diese grammatische Konstruktion ist wiederum sehr regelmäßig: Die "Allgemeine Vergangenheit" wird gebildet, indem man zwischen den Stamm des Tätigkeitswortes und das Suffix der "Allgemeinen Gegenwart" das Vergangenheitssuffix **-rqa** bzw. **-ra** einfügt. Die Suffixe **-rqa** und **-ra** haben keinerlei Bedeutungsunterschiede. Sie können daher selbst aussuchen, welches Sie verwenden wollen. Ich richte mich da immer nach dem Gesichtspunkt der Aussprechbarkeit oder lasse mich vom "schöneren Wortklang" leiten. Wörter, die mehr als ein /**q**/ enthalten, versehe ich mit **-ra**, ansonsten setze ich **-rqa**. Wörter wie z.B. **qerqeryay** (knurren) oder **qarqoy** (hinauswerfen) würde ich mit **-ra** verbinden, andere, wie z.B. **maskay** (suchen), mit **-rqa**. Aufpassen muß man nur bei der 3. Person Einzahl und Mehrzahl: hier nimmt **-rqa** bzw. **-ra** das /**n**/ weg. Die komplette Reihe sieht so aus:

-rqa-ni	bzw.	**-ra-ni**	ich war
-rqa-nki		**-ra-nki**	du warst
-rqa-		**-ra- -**	er/sie/es war
-rqa-nchik		**-ra-nchik**	wir(+) waren
-rqa-niku		**-ra-niku**	wir(-) waren
-rqa-nkichik		**-ra-nkichik**	ihr wart
-rqa- -ku		**-ra- -ku**	sie waren

qarqoy (mit **-ra**) "hinauswerfen"		**mancharikuy** (mit **-rqa**) "sich plötzlich fürchten"
qarqo-ra-ni	ich	**manchariku-rqa-ni**
qarqo-ra-nki	du	**manchariku-rqa-nki**
qarqo-ra	er / sie / es	**manchariku-rqa**
qarqo-ra-nchik	wir(+)	**manchariku-rqa-nchik**
qarqo-ra-niku	wir(-)	**manchariku-rqa-niku**
qarqo-ra-nkichik	ihr	**manchariku-rqa-nkichik**
qarqo-ra-ku	sie	**manchariku-rqa-ku**

Wie Sie sehen, ist das alles keine Hexerei. Sie brauchen bloß die gleiche Konstruktion vorzunehmen wie in der "Allgemeinen Gegenwart", wobei lediglich **-rqa** oder wahlweise **-ra** zwischen Stamm und Personalsuffix ("ich, du, er/sie/es" usw.) eingefügt wird. Alle anderen Suffixe, die mit Tätigkeits- und Geschehenswörtern verbunden werden können, lassen sich anfügen wie sonst auch.

"Erzählende" Vergangenheit

Über diese grammatische Form können wir rasch hinweggehen, da Sie den Hochlandbewohnern wohl kaum Märchen und dergleichen erzählen wollen. Ich muß sie nur kurz erwähnen, weil Sie diese Form bisweilen hören werden - und dann sollten Sie wenigstens wissen, was los ist.

Die "Erzählende Vergangenheit" wird genau so gebildet wie die "Einfache Vergangenheit". Nur setzt man dort, wo bei der "Einfachen Vergangenheit" ein **-ra** bzw. **-rqa** steht, das Suffix **-sqa**. Am Hauptwort findet man dann anstelle von **-m/-mi** das Suffix **-s/-si**.

Genau wie **-rqa/-ra** nimmt **-sqa** bei der 3. Person Einzahl und Mehrzahl das /**n**/ weg (siehe "Einfache Vergangenheit").

Die "Erzählende Vergangenheit" wird auch dann angewendet, wenn der Sprecher ausdrücken will, daß er eine vergangene Handlung nicht unter Kontrolle hatte, oder daß etwas für ihn überraschend eingetreten war. Hier können Sie diese Vergangenheitsform hin und wieder brauchen: Wenn Sie sich z.B. über eine ziemlich feuchte Party oder Fiesta (zu Deutsch: Besäufnis) unterhalten wollen, können Sie beispielsweise sagen:

qayna punchaw-pi chisi-kama-s ancha-ta upya-sqa-niku
letzten Tag-im Mitternacht-bis- sehr-** trinken-haben-wir*
Gestern haben wir bis Mitternacht fürchterlich getrunken!
(Im Sinne von: O weh, was haben wir nur angestellt!)

*erzählend ** Adverb

Weitere "Anregungen" in diesem Sinne möchte ich unterlassen ...

Die "Erzählende Vergangenheit" wird schließlich noch verwendet, wenn man ein vergangenes Ereignis nur vom Hörensagen kennt:

machu-s qollqe-ta suwa-sqa *erzählend
Alte(r)- Geld-[1] stehlen-haben**
Der Alte soll das Geld gestohlen haben.

"Wiederholende" Vergangenheit

Diese Form wird angewendet, wenn man ausdrücken will, daß eine Handlung in der Vergangenheit regelmäßig stattfand ("pflegte zu tun"). Die "Wiederholende Vergangenheit" besteht immer aus zwei Elementen:

- dem bedeutungstragenden Tätigkeits- oder Geschehenswort, dem nach Wegnahme des /**y**/ der Grundform ein unveränderliches **-q** angefügt wird
- und dem Verb **kay**, das das jeweilige Suffix der Person (ich, du, er/sie/es usw.) trägt.

Dabei kann wahlweise an **kay** die "Allgemeine Gegenwart" oder die "Allgemeine Vergangenheit" gebildet werden. In der 3. Person der Einzahl entfällt die Form von **kay**. Hier die komplette Reihe:

Stamm (**miku** - essen)	Form von **kay**
mikuq	**kani** / **karqani** oder **karani**
mikuq	**kanki** / **karqanki** oder **karanki**
mikuq	
mikuq	**kanchik** / **karqanchik** oder **karanchik**
mikuq	**kaniku** / **karqaniku** oder **karaniku**
mikuq	**kankichik** / **karqankichik** od. **karankichik**
mikuq	**kanku** / **karqanku** oder **karanku**

In der 3. Person Mehrzahl kann wahlweise auch die Form **mikuqku** anstelle von **mikuq kanku** etc. eingesetzt werden. Zwei Beispielsätze:

ñawpa achka papa-ta miku-q ka-rqa-nchik
früher viel Kartoffel-[1] essen-pflegten tun-haben-wir
Früher "pflegten" wir viel Kartoffeln zu essen.

qayna wata-pi wawa-kuna hawa puklla-q ka-nku oder:
qayna wata-pi wawa-kuna hawa puklla-q-ku
letztes Jahr-im Kind-viele draußen spielen-pflegten-sie
Im vergangenen Jahr "pflegten" die Kinder draußen zu spielen.

Befehlen? Besser nicht!

Wie in allen Sprachen gibt es auch im Quechua Befehlsformen. Ich möchte diese jedoch nicht näher erklären, da deren Anwendung große Sicherheit im sprachlichen Ausdruck erfordert, will man nicht grob beleidigend wirken! Außerdem: Mit den Formen, die Sie bis hierhin gelernt haben, können Sie ihre Wünsche den Einheimischen gegenüber ausreichend deutlich machen - und das vor allem höflich und freundlich.

Die Zahlen

Die Inka kannten das dezimale Zahlensystem, im Gegensatz etwa zu den Maya aber fehlte ihnen die so wichtige Ziffer Null. Dennoch brachten sie mit ihren "Kipu" (ein System von geknoteten Schnüren) beachtliche mathematische Leistungen zustande.

Das Ziffernsystem beschränkt sich auf die Zahlenwerte "Eins" bis "Zehn", dann folgt der Begriff "Hundert", anschließend kommt "Tausend". Darüber hinausgehende Werte werden mit "Million" bezeichnet:

1	eins	**huk**
2	zwei	**iskay**
3	drei	**kimsa**
4	vier	**tawa**
5	fünf	**pichqa**
6	sechs	**soqta**
7	sieben	**qanchis**
8	acht	**pusaq**
9	neun	**isqon**
10	zehn	**chunka**
100	hundert	**pachak**
1000	tausend	**waranqa**
1.000.000	million	**unu**
	unzählbar	**mana yupasqa**

Komplexe Zahlenwerte werden gebildet, indem man zunächst den höchsten Wert ausdrückt, der von kleiner werdenden gefolgt wird. In der Vorstellungswelt des Quechua-Sprechers "gehören" die kleineren Werte den größeren, die größeren Werte "besitzen" die kleinen. Daher benötigen wir zur Bildung von Zahlenwerten das besitzanzeigende Suffix **-yoq**. Beispiele:

20 = **iskay chunka** = *zwei Zehn*
70 = **qanchis chunka** = *sieben Zehn*

Damit haben wir einen "großen Wert", dem die kleineren folgen:

21 = **iskay chunka huk-ni-yoq** = *zwei Zehn besitzt die Eins*
97 = **isqon chunka qanchis-ni-yoq** = *neun Zehn besitzt die Sieben*
64 = **soqta chunka tawa-yoq** = *sechs Zehn besitzt die Vier*

Bei Hunderter- oder Tausendereinheiten geht das ganz genau so:

158 = **pachak pichqa chunka pusaq-ni-yoq**
Hundert fünf Zehn besitzt die Acht

396 = **kimsa pachak isqon chunka soqta-yoq**
drei Hundert neun Zehn besitzt die Sechs

1002 = **waranqa iskay-ni-yoq**
Tausend besitzt die Zwei

7844 = **qanchis waranqa pusaq pachak tawa chunka tawa-yoq**
sieben Tausend acht Hundert besitzt die Vier

91.341 = **isqon chunka huk-ni-yoq waranqa kimsa pachak tawa chunka**
neun Zehn besitzt Eins Tausend drei Hundert vier Zehn
huk-ni-yoq
besitzt Eins

1986 = **waranqa isqon pachak pusaq chunka soqta-yoq**
Tausend neun Hundert acht Zehn besitzt die Sechs

Zur Bildung von Ordnungszahlen wird dem Zahlenwert entweder die Vokabel **ñeqen** oder (wahlweise) **kaq** nachgestellt:

der Erste (1.)	= **huk ñeqen / huk kaq**
der Zwölfte (12.)	= **chunka iskay-ni-yoq kaq** (**ñeqen**)
der Tausendste (1000.)	= **waranqa ñeqen (kaq)**
der Millionste (1.000.000.)	= **unu kaq (unu ñeqen)**

Die Angabe einer Häufigkeit, z.B. "einmal", "zweimal" und so weiter, erfolgt mit Hilfe der Vokabel **kuti**, die ebenfalls dem jeweiligen Zahlenwert nachgestellt wird:

einmal (lx)	= **huk kuti**
viermal (4x)	= **tawa kuti**
zehnmal (10x)	= **chunka kuti**

Als feststehende Begriffe gibt es noch die Ausdrücke für:

der Erste	**huk ñeqen**	der Letzte	**qepa kaq**

Wichtige Regeln auf einen Blick

1. Ein Suffix steht nie allein, es wird immer an Wortstämme angefügt.

2. Satzkonstruktionen, die im Deutschen mit der Verbindung von Haupt- und Nebensatz gebildet werden, erfordern im Quechua die "nominalisierte Form", das heißt: Verben werden zu Hauptwörtern gemacht. Beispiel:

Deutsch:	"ich komme, um dich zu besuchen"
Quechua:	"ich komme (als) Besuchender"

3. Das Suffix **-m**/**-mi** steht immer an letzter Stelle.

4. Das Fragesuffix **-chu** steht immer an letzter Stelle.

5. An die Suffixe **-chu**, **-miki**, **-chusmi**, **-ya**, **-yá**, **-wa** und **-taq** darf **-m**/**-mi** nicht angefügt werden.

6. Das Suffix **-cha** (an Hauptwörtern) folgt unmittelbar dem Stamm. ACHTUNG: Wenn durch **-na** ein Verb zum Hauptwort gemacht wird, dann folgt **-cha** natürlich dem **-na**.

7. Das Suffix **-lla** (an Hauptwörtern) steht grundsätzlich zusammen mit **-cha** und folgt **-cha** unmittelbar.

8. Das Suffix **-kuna** wird auf **-na** verkürzt, wenn es auf die Silbe /**ku**/ folgt. Beispiel:

"unser Hund"	**allqoyku**		
Mehrzahl NICHT:	**allqoykukuna**	SONDERN:	**allqoykuna**

9. Das Suffix **-ña** steht immer an letzter Stelle, es kann nur bei Bedarf von **-m** oder **-chu** gefolgt werden.

10. Oft beginnt der Quechua-Sprecher, wenn er einen Satz mit "schon" (**-ña**) ausdrücken will, diesen mit der sog. "freien Form" **ña**. Das **-ña** als Suffix folgt dann aber dennoch am Verb des Satzes: **paqarin hamu-ni-ña** oder **ña paqarin hamu-ni-ña**

11. Grundregel für **-m/-mi** und **-chu**: Ganz am Schluß der Wortkonstruktion wird kommentiert (**-m/-mi**) oder gefragt (**-chu**).

Die richtige Suffix - Folge

Zwar habe ich bei allen Suffixen erklärt und an Beispielen gezeigt, wie sie angewendet werden und an welcher Stelle sie innerhalb des Wortes stehen (bzw. in welcher Reihenfolge sie normalerweise auftreten), doch will ich nachfolgend eine zusätzliche Hilfe geben. Die am häufigsten gebrauchten Suffixe füge ich an ein Wort in der richtigen Reihenfolge an - vielleicht erspart Ihnen ein Blick auf diese Beispiele längeres Suchen nach der genauen Erklärung.

A Hauptwort (Hund - **allqo**)

allqo
allqo-cha
allqo-cha-lla
allqo-cha-lla-yki (oder ein anderes Fürwort)
allqo-cha-lla-yki-kuna (**-qa**)
allqo-cha-lla-yki-kuna-ta (oder **-man**, **-pa** usw.)
allqo-cha-lla-yki-kuna-ta-wan
allqo-cha-lla-yki kuna-pas (**-paq**, aber nicht: **-paspaq**, sondern: **-paqpas**)
allqo-cha-lla-yki-kuna-wan-
allqo-cha-lla-yki-kuna-wan-pas-mi

B Tätigkeitswort (spielen - **pukllay**)

pukllay
puklla-ni (oder ein anderes Beuge-/Personalsuffix)
puklla-yku-ni-m
puklla-yku-lla-ni-m
puklla-ni-chusmi
puklla-chka-ni-puni-m
puklla-ni-yá
puklla-y-man
puklla-ni-chu
puklla-yku-lla-ni-chu
puklla-yku-lla-y-man-chu
puklla-chi-chka-ni
puklla-chi-yku-lla-ni-chusmi

C Tätigkeitswort (arbeiten - **llamkay**) zum Hauptwort

llamka-y
llamka-na
llamka-sqa
Anfügen weiterer Suffixe wie unter A

D Hauptwort (Wand - **perqa**) zum Tätigkeitswort

perqa
perqa-cha-y
perqa-cha-ni (oder ein anderes Personalsuffix)
Anfügen weiterer Suffixe wie unter B

E Adjektiv (groß - **hatun**) zum Tätigkeitswort

hatun
hatun-ya-y
hatun-ya-chka-nki-chu
hatun-ya-chi-chka-nkichik-chusmi / -mi / -puni etc.
Anfügen weiterer Suffixe wie unter B

Herzlichen Glückwunsch - nun haben Sie es geschafft!

Wer die Grammatik bis hierhin "durchgeackert" und auch verstanden hat, sollte eigentlich im Hochland von Peru recht gut zurecht kommen. Wer nun allerdings glaubt, in Sachen Quechua "Meister aller Klassen" zu sein, den muß ich bremsen: Auf den vorhergehenden Seiten habe ich wirklich nur übersichtsartig versucht, Ihnen die wesentlichsten Dinge zu vermitteln! Selbstverständlich gibt es im Quechua noch viel, viel mehr grammatische Formen und Möglichkeiten, die aber hier zu weit führen würden. Weggelassen habe ich u.a. die Feinstunterscheidungen in Unsicherheit und Bestimmtheit, die "satzsubordinierenden Suffixe" **-pti** und **-spa,** und vieles mehr. Für den, der nun aber - angeregt durch diesen Kauderwelsch-Sprachführer - mehr über das Quechua und sein Umfeld wissen möchte, gibt es ein ausgezeichnetes Lehrbuch in deutscher Sprache (wohl das beste überhaupt!):

● **rimaykullayki** - Unterrichtsmaterialien zum Quechua Ayacuchano Erschienen 1985 im Dietrich-Reimer-Verlag, Berlin. (3. Auflage 1995). Zusammengestellt wurde es von führenden Fachwissenschaftlern aus Bonn, Berlin und Hamburg nach dem Lehrbuch **Quechua - Manual de Enseñanza** des großen peruanischen Quechuisten Prof. Clodoaldo Soto Ruiz, erschienen 1979 in Lima/Peru.

Verhaltensregeln

Wie zu Beginn des Grammatikteils schon angemerkt, wird auf Behörden, Institutionen usw. grundsätzlich Spanisch gesprochen. Ich empfehle Ihnen daher, neben diesem Quechua-Führer unbedingt den Kauderwelsch-Band 5 "Spanisch für Lateinamerika" mitzunehmen.

Im folgenden möchte ich nur einige Tips und Hinweise geben, die sich speziell auf Peru beziehen.

Um Ihnen weitere praktisch verwendbare Sätze und Wendungen der Quechua-Sprache nahezubringen, werde ich etliche der Hinweise und Tips mit Dialogen "garnieren", die so oder so ähnlich vorkommen können. Zum Teil habe ich eigene Erlebnisse mit verarbeitet.

1. Wie auch im übrigen Südamerika, ist die Bevölkerung in Peru zur überwiegenden Mehrheit römisch-katholisch. Religiöses wird kaum hinterfragt, was sich in einer teils grotesken Heiligenverehrung äußert. Hier spielen Gesichtspunkte bestimmter Mentalitäten sowie die vielfache rassische Vermischung mit hinein. Nehmen Sie das bitte hin, missionieren Sie nicht herum, versuchen Sie die Menschen nicht von anderem zu überzeugen, lachen Sie bitte nicht über die fürchterlich kitschigen Heiligen- und Jesusbilder, die allerorten aufgehängt sind!

2. Die peruanische Gesellschaft ist - geformt in einem jahrhundertelangen, kontinuierlichen Prozeß - im Grunde sehr konservativ. Der Mann ist das Familienoberhaupt, die Frau gehört an den Herd. Trotzdem sind es unheimlich liebenswerte, aufgeschlossene Menschen, die wohl nur an einem "Rollenverhalten" kleben.

3. Auch die Moralvorstellungen sind erheblich strenger und "altväterlicher" als bei uns (Ursache ist der leider noch erhebliche Einfluß der bigotten christlichen Moral). Vor allem weibliche Leser dieses Sprachführers sollten dies beim Auswählen der Reisegarderobe bedenken ...!

4. Ärgern Sie sich nicht über Unpünktlichkeiten - das gehört auch in Peru einfach dazu! Beschwerden über Verspätungen von Bussen oder Zügen lösen grundsätzlich Heiterkeit aus. Ich werde den Verdacht nicht los, daß sich der Südamerikaner über das Versagen der Technik amüsiert.

5. Wenn man Sie einlädt, ist das wirklich so gemeint; es wird erwartet, daß Sie auch kommen! Die Dame des Hauses freut sich über ein kleines Geschenk - nur: Bringen Sie um Himmels Willen keine Blumen mit! Blumen trägt der Peruaner nur auf den "**cementerio**", den Friedhof!

Ein Geschenk für die Kinder, z.B. aus Deutschland mitgebrachte Schokolade, kommt immer gut an.

6. Wenn man Sie fragt, wieso Sie sich eine solch kostspielige Reise und mehrwöchiges Nichtstun leisten können, sollten Sie darauf hinweisen, für diese Reise sehr lange gespart und nebenbei ("**dos profesiones**") gearbeitet zu haben. Das stimmt ja wohl auch in den meisten Fällen.

Peru ist - trotz wirtschaftlicher Erfolge in letzter Zeit - immer noch ein armes Land. Protzen Sie also bitte nicht mit Geld und Gut! Blinkende Metallkoffer für Foto-Utensilien usw. verlocken zum Diebstahl! Gut bewährt hat sich das Verpacken derartiger Dinge in einheimische, auf dem Markt erstandene Decken oder Tücher. Ein solches Tuch, um den Fotokoffer geschlungen, am Schulterriemen entlanggeführt und auf der Schulter verknotet, sieht aus, wie ein indianisches Bündel (**qepi**) und wird nie Aufsehen oder Begehrlichkeit erwecken. Mit diesem kleinen Trick erspart man sich manche Unannehmlichkeit!

7. Zum Diebstahlsproblem: Führen Sie auf Ausflügen nie mehr Geld mit, als für einen Tag benötigt wird. Falls dies dann entwendet wird, ist der Verlust nicht so tragisch.

Sollten Sie überfallen werden (soll vorkommen), rücken Sie bitte sofort alle Wertgegenstände und das Geld heraus. Solche Vorfälle lassen sich aber teils beherrschen, indem man keine Werte mitführt: Eine Billigst-Digitaluhr tut's für die Reise auch, und Omis Kommunion-Goldkettchen kann zu Hause bleiben ...

Wenn Sie alles Geld mitführen müssen, etwa bei der Fahrt von einem Ort zum anderen, dann deponieren Sie es nicht locker in der Hintertasche der Jeans. Strengen Sie ihre Phantasie ein bißchen an und halten Sie das gewählte Behältnis immer (immer!) scharf im Auge. Übrigens sollte man derlei Reisen generell nie alleine unternehmen, und eine Gruppe wird ohnehin kaum attackiert werden.

Werden Sie allen Vorsichtsmaßnahmen zum Trotz aber dennoch Opfer eines Diebstahls: Ich bin der Meinung, daß Menschen, die seit Jahrhunderten von den reichen Nationen ausgeplündert werden, ein fundamentales Recht haben, Angehörige eben dieser Nationen zu bestehlen. Das mag Ihnen vielleicht exotisch vorkommen, ist aber dennoch meine innerste Überzeugung.

8. US-Amerikaner sind in Peru nicht gerade beliebt. Als Weißer wird man meist automatisch für einen solchen gehalten. Daher: Sprechen Sie keinesfalls Englisch! Stellen Sie immer klar, daß Sie "**alemanes**" (Deutsche) sind! Im übrigen werden (im Hochland) eventuelle Vorbehalte Ihnen gegenüber nach den ersten Silben Quechua sofort verfliegen.

Eine typische Unterhaltung

- wie Sie sie wohl mit jedem Einheimischen, den Sie aus irgendeinem Grunde auf Quechua ansprechen, führen werden:
(Q: Quechua-Sprecher, R: Reisender)

Q: **maymantataq hamunki**
wo-von/her-? kommen-du
Woher kommst Du?

R: **Alimania llaqtamantam hamuni**
Deutschland Land-von/her-! kommen-ich
Ich komme aus Deutschland.

Q: **maypitaq runasimita yachakurqanki**
wo-? Quechua-[1] lernen-haben-du
Wo hast Du Quechua gelernt?

R: **libruwan runasimita yachakuranim**
Buch-mittels Qucchua-[1] lernen-haben-ich!
Ich habe Quechua mit Hilfe eines Buches gelernt!

Q: **aqá / imallatataq kaypi ruwanki**
aha was-[3, 1]-? hier machen-du aha!
Was bitte machst Du hier?

R: **sumaq llaqtayki rikunayraykum hamurani**
schön Land-dein sehen-zuk.-wegen-! kommen-haben-ich
Ich bin gekommen, um dein schönes Land zu sehen.

Q: **mayqen llaqtakunatataq illaykunki qamqá**
welche Ort-viele-[1]-? reisen-[3]-werden du DU!
Wohin wirst Du reisen?

R: **Ayakuchuman Kuskuman Punuman illasaqmi**
Ayacucho-nach Cuzco-nach Puno-nach reisen-werden-ich!
Ich werde nach Ayacucho, Cuzco und Puno reisen!

Q: **Machu Pikchutapaschu rikunki**
Machu Picchu-auch-? sehen-du
Wirst Du auch Machu Picchu besuchen?

R: **awriki / Inkarunakunapa kawsasqanmanta waki**
na sicher Inkamensch-viele-der leben-haben-ihr-über wenig
yachakuyta munaykunim
lernen-zuk.-mein-[1] mögen-[3]ich-!
Selbstverständlich! Ich möchte einiges über das Leben der Inka lernen!

Q: **allinmi / allin chutanayki kanman**
gut-es ist gut reisen-zuk.-dein geben-mögen-es
Prima! Mögest Du eine gute Reise haben!

R: **yuspagrasunki allin taytáy tupananchikkama**
Gott zahle es dir gut Herr treffen-zuk.-unser-bis
Vielen Dank, lieber Herr! Auf Wiedersehen!

Q: **tupananchikkamayá wiraqocha**
treffen-zuk.-unser-bis-!! Herr
Bis zu unserem Wiedersehen dann, Herr!

Einkaufen auf dem Markt

In den Großstädten - besonders in Lima - ist es genau wie bei uns (leider?). In Klein- und Mittelstädten dagegen findet man alle erdenklichen Geschäfte oft in einer garagenähnlichen Örtlichkeit. Die Preise dort sind sehr niedrig und schonen daher die Reisekasse. Außerdem kommt man in diesen Läden gut mit Einheimischen in's Gespräch! Hier einige Bezeichnungen:

Tienda	Laden allgemein
Carnicería	Metzgerei
Panadería	Bäckerei
Peluquería	Friseur
Botica	Apotheke

Am besten aber kauft man auf den Märkten, auf denen sich besonders im Hochland das Geschäftsleben zur Hauptsache abspielt. Und gerade hier können Sie Eure Quechua-Kenntnisse austoben!

Den wohl größten und eindrucksvollsten Markt in Peru findet man in Huancayo. Diese Stadt mit gut 200.000 Einwohnern liegt 312 Kilometer von Lima entfernt in 3271 m Höhe am Ende der berühmten Eisenbahnlinie Lima - La Oroya - Huancayo, die im Galera Tunnel am Paß von Ticlio 4785 m über Meereshöhe erreicht! (siehe auch "Verkehrsmittel")

Der Markt in Huancayo findet jeden Sonntag statt, er erstreckt sich über ungefähr zwei Kilometer quer durch die Stadt. Hier findet man alles, was das Herz begehrt oder auch nicht: von der durchgebrannten Sicherung über Gemüse, Feldfrüchte, Fleisch, Hausrat, Tiere, Garküchen und Musikanten bis hin zu Textilien und Autozubehör und Werkzeug - alles neu, gebraucht oder schrottreif, nach Wahl. Und hier findet man an den kleineren Ständen noch die echte Handwerkskunst der Hochlandbewohner - und natürlich diese Menschen selbst, deren Sprache Sie ja gelernt haben! Und hier gibt es sie, die wundervollen Wolldecken aus Lamawolle, Vicuña und Alpacca, Strickwaren, Kunstgewerbe (z.B. diese einmalig schönen Wandbehänge mit Motiven aus dem ländlichen Leben), die "Mati" und vieles mehr! Mit den Leuten, die diese Dinge anbieten, können Sie fast immer Quechua sprechen - die sind zuerst völlig verblüfft, freuen sich dann auf ihre stille Art und werden Ihnen nicht selten bessere, schönere Waren anbieten als dem normalen Touristen und Gringo!

Marktgespräch

rimaykullayki mamay
ich begrüße dich Frau-!
Ich begrüße Dich, gute Frau!

chaskillaykim wiraqocha*
erwidern-ich>dich Herr
Ich erwidere Deinen Gruß, Herr!
* Anrede nur Weißen gegenüber

imallataq chay
was-[3]-? jenes
Was bitte schön ist das da?

kayqa ullukum
dies [4] Ulluku-es ist
Das ist Ulluku (Knollenfrucht).

ulluku miskichu
Ulluku lecker-?
Ist Ulluku lecker?

ulluku miski miskim
Ulluku lecker lecker-sie ist
Ulluku ist sehr lecker!

ullukuta yanusqachu mikuykunki
Ulluku-[1] kochen-gemacht-? essen-[3]du
Ißt du die Ulluku gekocht?

awriki yanusqallapim chaykunata mikuni
na sicher gekocht-nur-im-[2] jenes-viele-[1] essen-ich
Natürlich, ich esse sie nur gekocht.

imaynapitaq chaykunata rantikunki
für wieviel-? jenes-viele-[1] verkaufen-du
Für wieviel verkaufst Du sie?

sapa ullukupaq pachaklla sulista mananim
jede Ulluku-für hundert-nur Soles-[1] verlangen-ich-!
Für jede Ulluku verlange ich nur 100 Soles!

allinmi kimsa pachak sulispikama qowankiyá
gut-es ist drei hundert Soles-im-bis geben-du>mir-!
Prima, so gib mir denn für 300 Soles!

Damit Sie auch lernen, wie geschriebenes Quechua normalerweise aussieht, verzichte ich in den Dialogbeispielen (so wie oben) auf die bisher eingesetzten Bindestriche zwischen den einzelnen Suffixen.

runasimita rimankichu taytay
Quechua-[1] sprechen-du-? Herr-mein-!
Sprichst Du Quechua, mein Herr?

arí runasimi rimaq kachkanim
ja, Quechua Sprechender sein-gerade-ich-[2]
Ja, ich bin Quechua-Sprecher!

ñoqaqa pisillatam rimaniya
ich (bet.) wenig--[1, 2] sprechen-ich-(bedauernd)* *einschränkend
Ich spreche leider nur wenig!

imatataq munaykullanki wiraqocha
was-[1]? wünschen-[3]-du Herr
Was wünschst Du bitte sehr, Herr?

soqtalla tantachakunamanta munaymanmi
sechs-nur Brot-klein-viele-von mögen-ich würde-!
Ich hätte gerne nur sechs von diesen Brötchen.

kimsa pachak sulis qoway ama hina kaspa
drei hundert Soles geben-du>mir(bitte)* *Aufforderung
Gib' mir bitte 300 Soles.

allinmi
gut-es ist
In Ordnung!

rimaykullayki taytay
begrüßen ich>dich Herr (mein)!
Ich begrüße Dich, mein Herr!

chaskillaykim taytay
erwidern ich>dich Herr (mein)!
Ich erwidere Deinen Gruß, mein Herr.

chay suma sumaq qatakuna llamapa millwanmantachu
jene wunderschönen Decke-viele Llama-des Wolle-sein-aus-?
Sind diese wunderschönen Decken aus Lamawolle?

arí llamapa millwanmantam
ja, Llama-des Wolle-sein-aus-sie sind
Ja, aus Lamawolle!

haykallataq sulis chaypaqqa munaykunki
wieviele-[1]-? Soles jene-für-[4] wünschen-[3]-du
Bitte, wieviele Soles möchtest Du für diese da?

pichqa chunka waranqalla sulismi
fünf zehn Tausend-nur Soles!
Nur 50.000 Soles!

achachaw / aswan achka hukninkunamanta manankiya
Donnerwetter! mehr viel andere-viele-als verlangen-du-!!
Donnerwetter! Du verlangst mehr als alle anderen!

Essen und Trinken

Mit diesem Thema könnte man gleich mehrere Bücher füllen, daher nur Stichworte:

Bedingt durch die Vielzahl von Völkern und Stämmen (der Fachmann sagt "Ethnien"), die in Peru leben, ist auch die peruanische Küche äußerst vielseitig. Es gibt südamerikanisch-spanische, kreolische, chinesische und indianische Spezialitäten, die sich natürlich auch noch alle gegenseitig beeinflussen! Nachfolgend nenne ich einige Spezialitäten peruanischer Kochkunst, natürlich werden Sie noch unzählige Dinge mehr finden:

Vor- und Hauptgerichte

Apanado con arroz	Hackfleischbraten mit Reis
Papa a la huancaina	Kartoffeln mit Frischkäse, Gemüsen und Gewürzen in Pfefferschoten-Sauce
Ají de gallina	Huhn in scharfer Nuß-Sauce
Ocopa arequipeña	Kartoffeln in scharfer Käsesauce mit Erdnüssen
Causa a la chiclayana	Gewürztes Kartoffelpüree mit Fisch und Gemüse; mit Hummerkrabben heißt es "Causa a la Limeña"
Pipián de camarones	Gedünstete Hummerkrabben in Tomatensauce mit Kürbiskernen
El seco de chivo	Geschmortes Schweinefleisch mit süßen roten Pfefferschoten
Lomo (a la milanese, especial usw.)	Rinder-Hüftsteak in verschiedenen Zubereitungsarten mit Beilagen
Salchipapa	Bratwurst mit Bratkartoffeln in cremiger, teils sehr scharfer Sauce
Tallarini con gallina	Hühnerragout mit Nudeln

Pastel del choclo	Überbackener Mais mit Rindfleisch, Hähnchen, Rosinen und Oliven
Puka pikanti (typisch indianisch)	Ragout aus Meerschweinchenfleisch mit Mais und verschiedenen Gemüsesorten und rotem Pfeffer
Qowikanka	Meerschweinchenbraten (nur bei mobilen Garküchen erhältlich), Meerschweinchen (**qowi**) ißt der Indianer, wie wir Brathähnchen
Arroz con pato	Geschmorte Ente mit Petersilienreis
Palta a la reina	Gefüllte Avocado
Tortilla (**de verdura** u. a.)	eine südamerikanische Pfannkuchenspezialität
Choqllo	Gedünsteter Maiskolben (indianisch)
Anticuchos	Marinierte Rinderherz-Spießchen mit scharfer Pfefferschoten-Sauce
Ceviche	Marinierter Fisch mit Salaten, Gemüsen und Gewürzen mit Rocoto (extrem scharf!)

Süßes

Tutti frutti	Becher mit vielen tropischen Früchten, Sahne und Eis
Alfajores de maicena	Kokosnuß-Gebäck mit karamelisierter Milch
Torta	(in unzähligen Sorten mit Früchten, Kakao, Sahne, Creme usw.)
Torta de frezas	Erdbeertorte, die beste gibt's nach meiner Erfahrung in Arequipa

... sowie zahlreiche, immer sehr süße Puddingsorten

Getränke

• Bier: es gibt nur wenige Sorten, aber alle sind von hervorragender Qualität, gebraut nach deutschen und tschechischen Rezepten und Reinheitsgeboten!

• Wein: soll sehr gehaltvoll und teils sehr süß sein. (Ich bin kein Weintrinker, muß mich hier also auf Angaben Dritter verlassen.)

• Spirituosen: große Auswahl - mein "persönlicher Hit" ist **Pisco**, ein Destillat aus Trauben. Vorsicht: hat 48 und mehr Alkohol-Prozente! **Pisco Sour**: Köstliches Mixgetränk aus **Pisco**, Limonensaft, Eischnee, etwas Gelatine und Zucker, eiskalt serviert. Achtung: haut den stärksten Piraten um!

• **Inca-Cola**: zweifelhaftes, leuchtend-gelbes Gebräu mit ätzend-süßem Geschmack, erinnert an einen Aufguß aus Bubble-Gum mit Gummibärchen ...

• Coca - Cola: Plastics & No-Future-World läßt grüßen.

• Mineralwasser: heißt **agua mineral**, sehr mineralienreich, von ungewohntem, aber nicht unangenehmem Geschmack.

• Limonaden: heißen **gazeosas** und sind durchweg süß und schmackhaft.

• Säfte: unglaubliche Auswahl! (Peru ist schließlich ein tropisches Land mit unzähligen Fruchtarten!) Saft heißt **jugo**, beliebt ist **jugo de papaya**. Alle Restaurants bieten frisch gepreßte bzw. zentrifugierte Säfte preiswert an. Wer's mag, soll sich durchsüffeln.

• **Chicha Morada**: äußerst süßes Gebräu aus violettem Mais, auch als Instant-Packung erhältlich, Geschmacksfrage.

• Kaffee: gibt es zum Frühstück als **café con leche**, das ist viel heiße Milch mit etwas Kaffee darin. Ohne Milch heißt es **café solo en taza** oder **café solo**. Oft findet man den Kaffee in Form von Konzentrat (steht in kleinen Fläschchen auf dem Tisch), dem nur noch heißes Wasser zugesetzt wird. In letzter Zeit gibt es in größeren Städten vermehrt italienische Espresso-Maschinen.

Unterwegs

rimaykullayki allin taytáy
sprechen-höflich-ich>dich gut Herr (mein)
Ich begrüße Dich, mein werter Herr!

chaskillaykim wayna mamáy
erwidern-höflich-ich>dich jung Frau (mein)
Ich erwidere Deinen Gruß, meine junge Frau!

maypillataq tampu kachkan
wo-[3]-? Gasthaus geben-gerade-es
Wo bitte schön gibt es ein Gasthaus?

hamuq ñanpim mamáy
nächst Straße-im-[2] Frau (mein)!
In der nächsten Straße, meine Dame!

yuspagrasunki taytay
Gott-zahle-es-dir Herr (mein)!
Ich danke Dir, mein Herr!

Verkehrsmittel

Die Hauptverkehrsmittel in Peru sind Omnibusse, PKWs und das Flugzeug. Zudem gibt es vier wichtige Eisenbahnlinien.

Das Flugzeug ist leider ziemlich teuer - außerdem bekommt man vom Land nichts mit. Lassen wir das also.

Die vier Eisenbahnlinien verbinden folgende Orte:

- **Ferrocarril del Centro** von Lima über Chosica und La Oroya nach Huancayo, Entfernung: ca. 300 km. Diese Bahnlinie erreicht im Galera-Tunnel mit einer Höhe von 4785 m Weltrekord. Fahrzeit: etwa 9 Stunden.

- **Ferrocarril del Centro** von Huancayo (**Estación Chilca**) über Yauli nach Huancavelica. Entfernung etwa 140 km. Fahrzeit: 6 Std. 20 Min.

- **Ferrocarril del Sur** von Arequipa über Juliaca nach Puno und von Juliaca über La Raya (4313 m) nach Cuzco (Estación del Sur). Cuzco - Juliaca ca. 350 km, Fahrzeit: 8 Std. / Arequipa - Puno ca. 300 km, Fahrzeit: 9 Std. 30 Min.

- **Ferrocarril Cuzco - Santa Ana** von Cuzco (**Estación San Pedro**) über Machu Picchu nach Quillabamba. Mit dieser Bahn erreicht man die berühmte Ruinenstadt Machu Picchu (auf Ayacuchano: **Machu Pikchu** = Alter Berg), die Bahnstation heißt Puente Ruinas. Entfernung: ca. 90 km, Fahrzeit mit dem "Touristenzug" (den man besser nicht nimmt): 3 Std. 25 Min, mit dem sog. "Indiozug" (fährt eine Stunde früher ab) etwa 4 Stunden.

Damit Sie nicht in Verwirrung geraten: Alle Eisenbahnen sind unter **ENAFER-Peru** zusammengefaßt. (ENAFER = Empresa Nacional de Ferrocarriles)

Mit dem Omnibus (**autobus**) erreicht man nahezu jeden Ort in Peru. Es gibt zahlreiche Unternehmen, die eine Vielzahl von Verbindungen anbieten. Busreisen in Peru sind recht preisgünstig, nur müssen Sie sich im Hochland wegen der urwüchsigen Straßen, die Geschwindigkeiten von mehr als 30-40 Stundenkilometern kaum zulassen, auf lange Fahrzeiten gefaßt machen. Von Ayacucho nach Cuzco (590 km) dauert es im Durchschnitt 33 Stunden!

Auf solchen Fahrten können Sie viel vom Land sehen, mit den Einheimischen sprechen und mehr erfahren, als der Pauschaltourist im Flugzeug, das allerdings für die vorgenannte Strecke nur 40 Minuten benötigt.

Über die jeweiligen Busverbindungen können Sie sich in den Büros der Busunternehmen (**oficina**) erkundigen. Die Anschriften findet man im Telefonbuch unter **Transportes Terrestres**, oder fragen Sie einen Einheimischen.

Noch ein paar allgemeine Hinweise:

Fahrkarten (heißen auf castellano **boletos**) für die Eisenbahn erhält man ausschließlich eine Stunde vor Abfahrt des Zuges im Bahnhof (**estación**) an der Fahrkartenausgabe (**boletería**). Es gibt die Klassen **Segunda**, **Primera**, **Primera Especial** und **Primera Especial Buffet** (letzteres ist der Speisewagen, der nur mit dieser Fahrkarte betreten werden darf). In allen Zügen wird Essen, Kaffee usw. auch am Platz angeboten. Das Essen ist meist gut und preiswert.

Busfahrkarten kann man zuweilen einige Tage im voraus kaufen. Trotzdem muß man unbedingt mindestens eine Stunde vor Abfahrt an der Abfahrtstelle sein. Tip: Nehmen Sie bei Busreisen durch das Hochland warme Kleidung oder eine Decke mit - nachts wird es sehr kalt!

Fahrpreise für Mietwagen und Taxi vorher aushandeln!

Ticket-Kauf auf Quechua

Normalerweise geht sowas ja nur auf spanisch, aber in Huancayo (**Wankayo**) können Sie es auf der **Estación Chilca** aus Spaß mal auf quechua versuchen (R: Reisender, E: Eisenbahnangestellter):

R: **rimaykullayki siñur / runasimita rimankichu**
ich begrüße dich Herr Quechua sprechen-du?
Ich begrüße dich, Herr. Sprichst Du Quechua?

E: (überraschter Blick) **No, no!** (Pech gehabt!) /
oder: (erstaunt) **rimanim**
sprechen-ich-!
Ich spreche es! (Prima, jetzt geht's los!)

R: **haykatataq mañanki Wankabilikaman illaypaq**
wieviel-[1]-? verlangen-du Huancavelica-nach Reise-für
Wieviel verlangst Du für die Reise nach Huancavelica?

E: **mayqentaq klaseta munaykunki**
welche-? Klasse-[1] mögen-[3]-du
Welche Klasse möchtest du?

R: **iskay ñeqen klaseta munaykullanim**
zweite Klasse-[1] möchten/mögen-[3]-ich-!
Ich möchte bitte schön zweite Klasse.

E: **paw / takuy buletukunata rantikuniñam**
nichts mehr da! alle Fahrkarte-viele-[1] verkaufen-ich -schon-!
Nichts mehr da! Ich habe schon alle Fahrkarten verkauft!

R: **achachaw / chayna huk kaqta rantikuwanki**
wie schade! So/dann erste-[1] verkaufen-du>mir
Wie schade! Dann verkaufe mir halt erste Klasse.

E: **hukllachu buletuta munanki**
ein-nur-? Fahrkarte-[1] möchten-du
Möchtest Du nur eine Fahrkarte?

R: **manam hukllachu munani kimsam**
nein-! ein-nur-? mögen-ich drei-!
Ich möchte nicht nur eine, sondern drei!

E: **allinmi iskay chunka tawayoq waranqa sulista qowanki qamqa**
gut-! zwei zehn vier-besitzt tausend Soles-[1] geben-du>mir Du-!!
In Ordnung! Gib mir 24.000 Soles!

R: **allinmi**
gut-es ist
Ist gut!

E: **yuspagrasunki / allin illayta munaykuykim**
Gott zahle es dir. gut Reise-[1]wünschen-[3]-ich>dir-!
Danke, ich wünsche Dir eine gute Reise!

R: **dyuspagrasunki / tupananchikkamayá**
Gott zahle es dir. treffen-zuk.-unser-bis-!!
Danke Dir, auf Wiedersehen dann!

Trekken im Hochland

Manch einer wird, um Land und Leute möglichst genau kennenzulernen, zu Fuß oder per Anhalter reisen wollen. Dagegen ist an sich nichts einzuwenden, nur folgende Fakten und Ratschläge sollte man kennen und beachten:

Obwohl in letzter Zeit politisch-wirtschaftliche Strukturverbesserungen vorgenommen wurden, ist das Guerilla-Problem innerhalb Perus nicht völlig gelöst. Die staatlichen Organe haben strikte Anweisung, Gewalt nicht mit Gegengewalt zu beantworten, was früher leider oft der Fall war und zu einer Radikalisierung aller Beteiligten geführt hatte. So ist nun zu hoffen, daß das Land langsam zur Ruhe kommen wird, wenn Reformen und wirtschaftlicher Erfolg auch in den abgelegenen Gebieten greifen.

Langer Rede kurzer Sinn: Seien Sie nicht leichtsinnig, seien Sie nett zu den Leuten, auch wenn sie Ihnen einmal unhöflich begegnen sollten (was haben die wohl mit Weißen erlebt?!) oder einfach nichts verstehen wollen.

Meiden Sie vorläufig noch die Dörfer im Hochland von Ayacucho: Dort sollten Sie keinesfalls zu Fuß herumstreunen! In die Stadt Ayacucho selbst sowie in das benachbarte Huanta können Sie jedoch unbesorgt einreisen, möglicherweise riskant sind halt nur (noch) die kleinen Dörfer und Siedlungen in der weiteren Umgebung.

Nach dem Weg fragen

(R = Reisender, Q = Quechua-Sprecher)

R: **rimaykullayki mamay**
sprechen-[3]-ich>dich Frau-mein!
Ich begrüße Dich, gute Frau!

Q: **chaskillaykim wiraqocha**
erwidern-[3]-ich>dich weißer Mann
Ich erwidere Deinen Gruß, weißer Mann!

R: **maypitaq ñan Ñawinpukiuman kan**
wo-? Weg Ñahuinpuquio-nach geben-es
Wo bitte ist der Weg nach Nahuinpuquio*?
*bei Huancayo: sehenswert!

oder:

R: **Ñawinpukio ñanta reqsinkichu**
Ñahuinpuquio Weg-[1] kennen-du-?
Kennst Du den Weg nach Ñahuinpuquio?

Q: **hamuq llaqtamankama riykichik**
nächstes Dorf-nach-bis gehen-ihr
Geht bis zum nächsten Dorf!

R: **kay ñanpichu**
dieser Weg-auf-?
Auf diesem Weg?

Q: **arí kay ñanpiqa chaymanta llaqtapa qepanpi seqaychikyá**
ja dieser Weg-auf-!! dann Dorf-des hinter-sein-im hinaufgehen-ihr-!!
Ja, auf diesem Weg! Hinter dem (nächsten) Dorf müßt Ihr dann bergauf klettern!

R: **hukllachu ñan kachkan ama pantananikupaq**
ein-nur-? Weg geben-gerade-es nicht irren-zuk.-unser-für
Gibt es nur einen Weg? Nicht daß wir uns verirren!

Q: **huklla kan taytáy**
ein-nur geben-es Herr-mein-!
Es gibt nur einen, mein Herr!

R: **yuspagrasunki mamay tupananchikkama**
Gotte zahle es dir Frau-mein-! Auf Wiedersehen
Vielen Dank, werte Frau! Auf Wiedersehen!

Q: **tupananchikkamaya wiraqochá**
treffen-zuk.-unser-bis-! weißer Mann
Ja, auf Wiedersehen, weißer Mann!

Verlaufen?

(Begrüßungsformel, dann:)

R: **Ñawinpukio llaqtata maskachkanim**
Ñahuinpuquio Dorf-[1] suchen-gerade-ich-!
Ich suche das Dorf Ñahuinpuquio!

Q: **chay llaqta manam kanchu**
jenes Dorf nicht geben-es-nicht
Solch ein Dorf gibt es nicht!

R: **achachaw**
Donnerwetter!

Q: **chayqa mawka pukarallam llaqta pukarapa ukunpi kachkan**
jenes-! alt Festung-nur-! Dorf Festung-der unten-ihr geben-gerade-es
Es ist nur eine alte Festung! Das Dorf liegt unterhalb der Festung.

R: **chay pukara rikuyta munaykunim**
jene Festung sehen-zuk.-mein-[1] mögen-[3]-ich-!
Diese Festung möchte ich bitte sehen!

Q: **rinakusun**
gehen-zusammen-wir wollen
Gehen wir gemeinsam!

R: **arí chaypiman purinakusunchikyá**
ja, dort-nach gehen-zusammen-wir wollen-!!
Ja, gehen wir gemeinsam dorthin!

Eine andere Version dazu:

(Auch hier zuerst wieder die Begrüßungsformel, dann:)

R: **ñanwan pantarqanichusmi**
Weg-mit irren-haben-ich-ich glaube
Ich glaube, ich habe mich im Weg geirrt!

Q: **maymantaq chutanki**
wo-nach-? wandern-du
Wohin wanderst Du?

R: **Ñawinpukio pukaramanmi**
Ñahuinpuquio Festung-nach-!
Zur Festung Ñahuinpuquilo!

Q: **chay orqopa hawanpi pukara kanmi**
jene Berg-des oben-sein-auf Festung geben-es-!
Die Festung liegt auf diesem Berg da!

R: **kanan chayta rikunim / kay ñanpi rinichu**
jetzt jene-[1] sehen-ich-! dieser Weg-auf gehen-ich-?
Jetzt sehe ich sie! Soll ich diesen Weg gehen?

Q: **awriki / hawamanta ukupi qochaman rikuychikyá**
ja sicher! oben-von unten-im See-nach schauen-ihr-!!
Ja sicher! Schaut von oben auf den im Tal liegenden See!

(Verabschiedungsformel)

ñan	Weg, Straße, Pfad
maypi	wo
mayman	wohin
maymanta	woher
llaqta	Dorf, Ort, Stadt, Land
pukara	Festung

qocha / orqo	See / Berg (auch: **pikchu**)
wayqo	Tal, Senke, Einschnitt
ichuq / alliq	links / rechts
pantay	sich (ver)irren
maskay / tariy	suchen / finden
reqsiy	kennen, erkennen
chutay	wandern, reisen, ziehen
riy / puriy	gehen / (umher)gehen
seqay	hinaufklettern, erklettern

maypitaq	wo bitte? (höflicher: **maypillataq**)
maymantaq	wohin bitte?
maymantataq	woher bitte?

llaqtaman chutaniku	Wir(-) wandern zum Dorf.
ñanta maskachkani	Ich suche den Weg.
ñanwan pantarqani	Ich habe mich im Weg geirrt.
ñan llaqtaman	der Weg zum Dorf
manam tarinichu	Ich finde nicht ...
reqsinkichu	Kennst Du ...?
tamputa manam tarinichu	Ich finde das Gasthaus nicht.
huk tamputa reqsinkichu	Kennst Du ein Gasthaus?

Essen und Übernachten

puñunaypaq tampu kanchu
Schlafen-zuk.-mein-für Gasthaus geben-es-?
Gibt es zum Übernachten ein Gasthaus?

wasiykipi yachaymankuchu huk tutapaq
Haus-dein-in wohnen-könnten-wir-? ein Nacht-für
Könnten wir für eine Nacht in Deinem Haus wohnen?

samayta munachkani wasiykipi puñuymanchu
Ausruhen-zuk.-mein-[1]möchten-gerade-ich.Haus-dein-inschlafen-könnte-ich?
Ich möchte mich ausruhen. Könnte ich in Deinem Hause schlafen?

qollqepaq wasiykipi yachaymankuchu
Geld-für Haus-dein-in wohnen-könnten-wir-?
Könnten wir für Geld in Deinem Hause wohnen?

imataq yachananikupaq mañanki
was-? wohnen-zuk.-unser-für verlangen-du
Was verlangst Du für unsere Unterbringung?

Hierzu gibt es zwei grundsätzliche Formeln, die Sie sich einfach so merken, also "vokabelmäßig" lernen sollten:

mikuyta munani	Ich möchte essen.
yarqanayawachkanmi	Es hungert mich (im Moment).

Zum Hunger gehört die Frage, wo man etwas zu Essen bekommen kann:

maypitaq tampu kachkan
wo-? Gasthaus geben-gerade-es
Wo gibt es ein Gasthaus?

maypitaq waki mikuypaq kan
wo-? etwas Essen-für geben-es
Wo gibt es was zu Essen?

maypitaq kaypi kawsaykuna kanku
wo-? hier Lebensmittel geben-sie
Wo gibt es hier Lebensmittel?

mikuypaq waki rantiyta munani
Essen-zuk.-mein-für etwas Kaufen-[1] möchten-ich
Ich möchte etwas zu Essen kaufen.

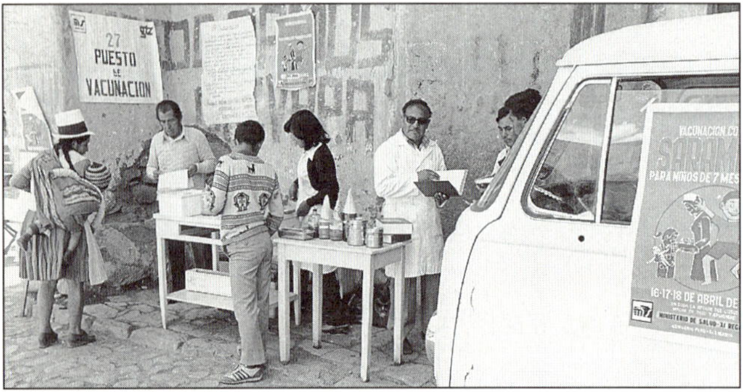

Wirachunchu

Huk upas kasqa warmichantin, hinaspas yachasqaku chakrapi, kuchita qaraspanku.

Chaysi warmichaqa qosanta nin: "Kuchinchikta qawanki, Korpus chayamuptinmi sipikusun qawankitaqmi punkunchikta, yanqañataq suwaruwaq? Chayllam kutiramusaq." Niykuspansi ripun.

Ripusqan hawallamansi, huk runa chayarun, upaqa wasinta.

Bei der Übersetzung dieser Geschichte hat der Autor versucht, bei möglichst vollständigem Erhalt der Quechua-Aussage eine dem deutschen Sprachverständnis und -gefühl entsprechende Form zu erzielen. Dazu gehören auch die bisweilen angebrachten temporären Verschiebungen, die ebenfalls dazu dienen sollen, eine größtmögliche Annäherung an den Originaltext zu zu erreichen.

Nakaq	ein "böser Geist", der zum Schaden des Indianers in allen möglichen Formen auftritt
Corpus	hoher, kirchlicher Feiertag: Corpus Christi

Märchen aus dem Andenhochland

Es war einmal ein Dummkopf, der wohnte zusammen mit seiner braven Frau auf dem Feld; die beiden fütterten ein Schwein.

Eines Tages sprach die Frau zu ihrem Manne: "Gib auf unser Schwein acht, wenn Corpus kommt, werden wir es schlachten, und paßt du auch auf unsere Türe auf, damit nichts gestohlen wird ? Ich werde bald zurück sein." Als sie ihm dies eingeschärft hatte, ging sie davon.

Sie war gerade hinausgegangen, als sich plötzlich ein fremder Mann dem Haus des Dummen nähert.

Upaqa rimaykun runataqa: "Qamchu Korpus kachkanki?"

Runaqa nin: "Awriki ñoqam!"

Upaqa kutichin parlata: "Hinaptinqa, kay kuchita apakuy warmiyqa Korpuspaqmi niwarqam."

Runaqa, chaynata niykuptin, kuchita qatirikuspan ripukun.

Upaqa sapallaña rikukuspan, rimapakun: "Punkuta qawanki niwarami nispan."

Chaysi "imanasaqtaq", kayta nispan qawan. Unaychamantaqa punkuta kiptayta qallarin. Qorqoruspansi, punku qepi, warminpa qepanta seqaykun.

Warminñataqsi, nakaqmanta pakakuspan tastaman seqarusqa chayllamansi upaqa qepanpi rikurirun punku qepikurusqa.

Upaqa nin: "Korpus chayaramuptinmi kuchinchikta qoykamuni, payman qoykunki niwarankimiki."

Der Dummkopf sagt zu dem Mann: "Bist du Corpus ?"

Und der Mann sagt: "Klar, ich bin's!"

Der Dummkopf entgegnet vor sich hin brabbelnd: "Wenn das so ist, dann nimm dieses Schwein hier, meine Frau hat mir gesagt, es sei für Corpus."

Nachdem er dies gesagt hatte, geht der Mann, das Schwein vor sich hertreibend, davon.

Als der Dumme sich schließlich ganz alleine sah, wiederholte er sich: "Achte auf die Tür, hat sie zu mir gesagt."

Daraufhin sagte er "Was soll ich nun bloß tun?", und er beobachtete sie. Als eine Weile vergangen war, beginnt er die Türe aus den Angeln zu heben. Endlich hat er sie herausgehoben, und er folgt, die Türe auf dem Rücken, seiner Frau nach.

Seine Frau war unterdessen aus Angst vor dem Nakaq in ein Gesträuch hinaufgeklettert - und da erscheint hinter ihr plötzlich der Dummkopf, die Türe auf dem Rücken.

Der Dummkopf sagt: "Als Corpus angekommen ist, habe ich ihm unser Schwein gegeben, weil du mir ja sagtest "Gib es ihm".

Warminqa nin: "Upallallay saqamuy nakaq waktaña hamun! Utqamuy!"

Upaqa rimapakustin punkuntin tastaman seqarun.

Chayllamansi, nakaq tasta ukunpi llantuta rikuruspa yaykuykun samariq. Hinaspas caballunta wataykun waskanwan chakinman. Chaymantas qollqenta yupan.

Upaqa punku qepirayasqanpi lliwña utiruspan, warminta qayan.

Warminqa nin: "Upallay!, nakaq rikuruwasun!", nispa mancharikusqallaña upallachin.

Upaqa nin: "Ima?, punkuta kachaykurusaq?" Chaynichkaptinsi punku atiparun.

Punkuqa tanratataspan pampaman chayarun. Nakaqpa caballunñataqsi, mancharikuruspan, yanqallaña ripun. Nakaqllata karuta aparun, wañurachin.

Upaqa qollqeyoq rikurirun.

Seine Frau sagt: "Sei bloß ganz still, steig' herauf, der Nakaq kommt schon irgendwo - beeile dich!"

Mit sich selbst redend klettert der Dummkopf nun mitsamt seiner Türe in das Geäst.

Und schon kommt der Nakaq, den Schatten unter dem Gehölz bemerkend, herbei, um sich auszuruhen. Daraufhin bindet er sein Pferd sorgsam mit dessen Zügeln an seinem Fuße an. Dann zählt er sein Geld.

Der Dummkopf, dem, noch immer die Türe auf dem Rücken, von der Anstrengung schon alles weh tut, ruft nach seiner Frau.

Seine Frau sagt: "Sei still, der Nakaq wird uns sehen!". Mit diesen Worten bringt sie ihn voller Angst zum Schweigen.

Der Dumme sagt: "Was? Soll ich rasch die Türe bringen?". Bei diesen Worten stößt er die Türe plötzlich an.

Die Türe fällt sogleich mit Gepolter auf die Erde. Das Pferd des Nakaq, dadurch fürchterlich erschrocken, galoppiert rasend davon. Es schleift den Nakaq weit dahin und tötet ihn.

Und so wurde der Dummkopf ein reicher Mann.

Nichts verstanden?

Wenn Ihr Gesprächspartner, der ja normalerweise keine Ahnung hat, wie schwierig seine Sprache für uns ist, zu schnell spricht, oder (für unsere Begriffe) zu komplizierte Formen herunterrattert, können Sie ihn mit folgenden Formeln etwas bremsen:

ñoqapaq runasimi ancha ancha sasam
ich-für Quechua sehr sehr schwierig-es ist
Quechua ist für mich wahnsinnig schwierig!

runasimi pisillata rimanim
Quechua wenig-nur-[1] sprechen-ich-!
Ich spreche nur wenig Quechua!

yapa rimawanki / rimapawanki
nochmal sprechen-du>mich / sprechen-nochmal-du>mich
Sag's (mir) noch mal!

rimapaway ama hina kaspa
sprich-nochmal-du>mich
Bitte sag es nochmal!

Bücherliste

Vor Reiseantritt sollten Sie sich ein wenig mit Peru, diesem weitgehend unbekannten Land, beschäftigen. Es ist ungefähr vier mal so groß wie die Bundesrepublik, nämlich 1.255.215 km^2. Seine Geschichte und seine Kultur sollte man wenigstens in Grundzügen kennen - dann macht die Reise doppelt Spaß! Da man in der Schule sicher nichts (oder wenn, dann nur Blödsinn!) über Peru gelernt habt, nenne ich hier einige lesenswerte Bücher, die ich so aufführe, wie sie mir gerade einfallen:

PÖRTNER/DAVIES (Herausgeber): "Alte Kulturen der neuen Welt", Econ, darin besonders interessant die Arbeit von Oberem.

SPAHNI/BRUGGMANN: "Peru", Rheingauer Verlagsgesellschaft, Bildband.

TRIMBORN: "Das Alte Amerika", Sammlung Klipper, Phaidon-Verlag.

LINDIG/MÜNZEL: "Die Indianer", dtv, Taschenbuch.

FAWCETT: "Andenbahnen", Orell-Füssli-Verlag.

LÖSSL: "Reiseführer Peru/Bolivien", Reise Know-How Verlag.

WESTPHAL: "Unter den Schwingen des Kondor", Bertelsmann.

DISSELHOFF: "Das Imperium der Inka", Safari-Verlag.

DE LAS CASAS: "Bericht von der Verwüstung der Westindischen Länder", Insel.

HARTMANN (Herausgeberin und Mitautorin): "**rimaykullayki** - Unterrichtsmaterialien zum Quechua Ayacuchano", Reimer.

★Diese Bücher sind nicht über den Peter Rump Verlag zu beziehen!

Hier noch eine Schallplatten-Empfehlung:

"**Musik im Andenhochland**", aufgenommen und herausgegeben von Max Peter Baumann, MC 14 (Völkerkundemuseum Berlin).

Weitere Kauderwelsch-Titel für die Region (je DM 14,80):

Spanisch für Lateinamerika von Vicente Celi-Kresling (Band 5). Einfache und hilfreiche Einführung ins Castellano, dem Spanisch, das in 18 Ländern Lateinamerikas gesprochen wird.

Brasilianisch Wort-für-Wort von Clemens Schrage (Band 21). Das Portugiesisch Brasiliens unterscheidet sich außer in der Aussprache auch teilweise in der Grammatik und natürlich im Vokabular.

Guarani für Paraguay von Dr. Wolf Lustig. Band 34 der Reihe präsentiert eine weitere indianische Sprache - die einzige, die sich als allgemeine Umgangssprache einer ganzen Nation erhalten hat.

Quechua Cuzqueño

von Gualberto Acebey-T. und Peter Rump

Quechua ist nicht gleich Quechua - es gibt große regionale Unterschiede. Wer Peru besucht, wird sicher auch das Gebiet um Cuzco besuchen, und so dachten wir, daß es nützlich sein wird, auch den dort gesprochenen Dialekt (den man im übrigen auch in Bolivien antrifft) hier kurz vorzustellen.

Umschrift

	klingt wie:	Beispiel
m/n/l	wie im Deutschen	
s	immer stimmlos	Ka**ss**e
r	am Wortanfang wie s sonst gerollt	**s**agen
sh	wie sch	**Sch**ule
w	engl. w	**w**ater (engl.)
ñ	wie nj	A**nj**a
ll	wie lj	I**lj**a
y	wie j	**J**äger
j	wie ch	Na**ch**t
ch	tsch	Ma**tsch**
q	ähnlich wie k, aber weiter hinten im Rachen	
c	vor e und i wie ß sonst wie k	

Eine gewisse Schwierigkeit stellen die folgenden Laute dar, weil sie auf drei verschiedene Weisen ausgesprochen werden können:

deutsche Aussprache - ohne Behauchung	
p	wie in "**p**latt"
t	wie in "**t**rinken"
ch	wie in "Ma**tsch**" (s. o.)
k	wie in "**K**lasse"
q	wie "**k**"

behaucht - man spricht ein "h" nach den jeweiligen Lauten	
ph	wie in "Pap**ph**aus"
th	wie in "Kan**th**olz"
chh	wie in **"Matschhaufen"**
kh, qh	wie in "Kran**kh**eit"

glottalisiert - zwischen dem Konsonanten und dem folgenden Vokal wird die Luft gestoppt	
p'	wie in "Pap**p**ecke"
t'	wie in "Lich**t an**"
k'	wie in "Schlu**ckau**f"

Wir umschreiben diese "Stopper" mit einem '. Da diese drei Varianten im Quechua häufig vorkommen, hier einige Beispiele:

einfach	behaucht	glottalisiert
chaka Brücke	**chhaka** Ameise	**ch'aka** heiser
pampa Boden	**phampa** flach	**p'ampay** begraben
tanta zusammen	**thanta** alt	**t'anta** Brot

Anreden

mamay / sipas / Wiraqocha	Frau / Fräulein / Herr
mama / tata	Mutter / Vater
warmi / qhari	Frau / Mann
wawa / warmi wawa / qhari wawa	Kind / Tochter / Sohn
imilla / lloqalla	Mädchen / Junge
runa / amigo / aleman	Mensch / Freund / Deutscher

danke (sehr)	**ancha agradeceyki**
dies, jenes	**chay**
bitte (Antwort auf danke)	**mana imamantapis**
ja / nein, nicht	**arí / mana**

Begrüßungsfloskeln wie "Guten Morgen", "Guten Abend" und ähnliche gibt es im Quechua nicht. Man benutzt die spanischen Ausdrücke, etwa "buenos días".

Persönliche Fürwörter

ñoqa	ich	**ñoqanchy**	wir(+)
qan	du	**ñoqayku**	wir(-)
pay	er, sie, es	**qankuna**	ihr
		paykuna	sie

Besitzanzeigende Fürwörter

Diese existieren im Quechua nicht als eigene Wörtchen, sondern als Nachsilben. Dem Substantiv wird entsprechend der Person eine der folgenden Silben angehängt:

-y	mein	**-nchej**	unser (+)
-yki	dein	**-yku**	unser (-)
-n	sein / ihr	**-ykichej**	euer
		-nku	ihr

wasi	Haus		
wasiy	mein Haus	**wasin**	sein/ihr Haus

Aussagesätze

Will man ein Tätigkeitswort (Verb) mit einem Fürwort zusammen gebrauchen, benötigt man dafür wiederum Nachsilben, die denen der "besitzanzeigenden Fürwörter" sehr stark ähneln. Da aus dieser Endsilbe die Person erkenntlich ist, wird auf die persönlichen Fürwörter in der Regel verzichtet.

-ni	(ich)	**-nchej**	(wir+)
-nki	(du)	**-yku**	(wir-)
-n	(er/sie)	**-nkichej**	(ihr)
		-nku	(sie)

ujyay	trinken		
ujyani	ich trinke	**ujyanchej**	wir(+) trinken
ujyanki	du trinkst	**ujyayku**	wir(-) trinken
ujyan	er/sie trinkt	**ujyankichej**	ihr trinkt
		ujyanku	sie trinken

weitere Verben			
atiy	können	**qhaway**	sehen
jamuy	kommen	**rantiy**	kaufen
kausay	leben	**ripuy**	weggehen
kutimuy	heimkehren	**tiakuy**	sich hinsetzen
mayllakuy	sich waschen	**tiayay**	bleiben
mikhuy	essen	**ujyay**	trinken
munay	wollen	**uyariy**	hören
pagay	bezahlen	**vendey**	verkaufen
parlay	sprechen	**yaykumuy**	hereinkommen
puñuy	schlafen		

Fragewörter

pitaj/ima	wer?/was?
maypi/mayman/maymanta	wo?/wohin?/woher?
jayk'aj, mayk'aj/imarayku	wann?/warum?
jayk'a, mashka	wieviel?
mashka watayoj	wie alt?

Fragen

Will man eine Frage ohne Fragewort stellen, so benötigt man eine Fragepartikel, **-chu**, die einfach an das Verb des Aussagesatzes angehängt wird, um diesen zur Frage zu machen. Anders als im Deutschen verändert sich die Wortstellung des Satzes nämlich nicht.

chinkani
verlaufen-ich
Ich habe mich verlaufen.

chinkanichu
verlaufen-ich-Fragepartikel(FP)
Habe ich mich verlaufen?

Wird ein Fragewort benutzt, benötigt man keine Fragepartikel.

maypi tiakunki
wo leben-du
Wo lebst du?

Aber die Sache mit der Partikel **-chu** ist denn doch noch etwas verwirrend. Sie wird nämlich ebenfalls zum Verneinen gebraucht, allerdings in Verbindung mit dem Wort **mana**. Und das sieht so aus:

entende-ni	**entende-ni-chu?**	**mana entende-ni-chu**
verstehen-ich	*verstehen-ich-(FP)*	*nicht verstehen-ich-(VP)*
Ich verstehe.	Verstehe ich?	Ich verstehe nicht.

Einen Satz kann man also verneinen, indem man das Verb zwischen **mana** (=nicht) und **-chu** (Verneinungspartikel, VP) setzt. Will man einfach nur "nein" sagen, benutzt man das Wort **mana** allein.

entende-nki-chu? - mana
verstehen-du-(FP) nein
Verstehst du? - Nein.

Bindewörter

Das Wort für "und" bedeutet ebenfalls "mit" und wird der Sache, die "dabei" ist, angehängt:

... wan und, mit

Juanwan Pedrowan	**te azucarwan**	**bicicletawan**
Juan-mit Pedro-mit	*Tee Zucker-mit*	*Fahrrad-mit*
Juan und Pedro	Tee mit Zucker	mit dem Fahrrad

Das gleiche gilt für das Wört "für":

... paj für

noqapaj	**qanpaj**
ich-für	*du-für*
für mich	für dich

... manta ... kama von ... nach ...

Eigenschaftswörter

Eigenschaftswörter stellt man unverändert direkt vor das Wort, das sie näher beschreiben:

k'achitu camisa
hübsch Hemd
das hübsche Hemd

sutti	hell	**laqha**	dunkel
caro	teuer	**barato**	billig
k'achitu	hübsch		
wayna/sipas	jung (m/w)	**machu, thanta**	alt
jetun	groß	**juch'uy**	klein
ancha, ashka	viel	**pisi**	wenig
qaylla	nah	**karu**	fern
kajka	dumm	**umayuj**	klug
facil	einfach	**sasa**	schwierig
q'oni	heiß	**chiri**	kalt
misk'i	süß	**chtaqaj**	bitter
anqas	blau	**q'omer**	grün
q'ellu	gelb	**puka**	rot
yuraj	weiß	**yana**	schwarz

Zahlen

1	**uj**	11	**chunka ujniyoj**	21	**iskay chunka ujniyoj**
2	**iskay**	12	**chunka iskayniyoj**	22	**iskay chunka iskayniyoj**
3	**kinsa**	13	**chunka kinsayoj**		etc.
4	**tawa**	14	**chunka tawayoj**	30	**kinsa chunka**
5	**pisqa**	15	**chunka pisqayoj**	40	**tawa chunka**
6	**sojta**	16	**chunka sojtayoj**		etc.
7	**qanchis**	17	**chunka qanchisniyoj**	100	**pachaj**
8	**pusaj**	18	**chunka pusajniyoj**	200	**iskay pachaj**
9	**isqon**	19	**chunka isqoniyoj**		etc.
10	**chunka**	20	**iskay chunka**	1000	**waranqa**
736		**qanchis pachaj kinsa chunka sojtayoj**			
3250		**kinsa waranqa iskay pachaj pisqa chunkayoj**			

Zeit

kunan	heute, jetzt	**usqay/utqay**	bald
q'aya	morgen	**chanta**	später
qayna	gestern	**na**	schon
mincha	übermorgen	**manaraj**	noch nicht

ima horasñataj
Wie spät?

ima horasñataj kunan
Wie spät ist es jetzt?

dos y diezña	2.10 Uhr	*zehn und zwei*
tres y mediañe	3.30 Uhr	*drei und halb*
seis horasña	6.00 Uhr	*sechs Stunden*
nueve menos vienteña	8.40 Uhr	*neun weniger zwanzig*

Beispielsätze

In den folgenden Sätzen der Konversationsbeispiele werden Vor- bzw. Nachsilben stets mit Bindestrich kenntlich gemacht. Dies geschieht, um das System besser deutlich zu machen. Sonst werden diese Wörter natürlich zusammengeschrieben. Beispiel:

chinka-ni (verlaufen-ich) = **chinkani**
tian-chu (gibt's-Fragepartikel) = **tianchu**

Das erste Gespräch

chinka-ni
verlaufen-ich
Ich habe mich verlaufen.

maypi ñan ... man
wo Weg ... nach
Wo ist der Weg nach ...?

tian-chu ...
gibt's-(FP)
Gibt es ...?

ati-y-man-chu ...
können-ich-(Konditional)-(FP)
Darf ich ...?

karu-raj-chu ... kama
weit-noch-(FP) ... bis
Wie weit ist es bis ...?

parla-nki-chu espanolta/portugesta/inglesta
sprechen-du-(FP) Spanisch/Portugiesisch/Englisch
Sprichst du Spanisch/Portugiesisch/Englisch?

despaciota parlay
langsam sprechen
Sprich langsamer.

ima suti-yki
was Name-dein
Wie heißt Du?

suti-y ...
Name-mein
Ich heiße ...

entende-ni
verstehen-ich
Ich verstehe.

mana entende-ni-chu
nicht verstehen-ich-(VP)
Ich verstehe nicht.

uj-chika Qhechuallata parla-ni
ein-wenig Quechua sprechen-ich
Ich spreche nur wenig Quechua.

maymanta jamu-nku
woher kommen-du
Woher kommst du?

... -manta jamu-ni
... -von kommen-ich
Ich komme aus ...

wasi-manta ...
Haus-von
... aus dem Haus.

Alemania-manta ...
Deutschland-von
... aus Deutschland.

imaynalla kanki
Wie geht's?

walejlla / allin
Mir geht's gut. / gut

imayna sutikun qhechua-pi
wie nennt-sich Quechua-auf
Wie heißt das auf quechua?

imayna direccionni-yki
wie Adresse-dein
Wie lautet deine Adresse?

maypi tiaku-nki
wo leben-du
Wo lebst du?

turista kani
Tourist sein-ich
Ich bin Tourist.

tinkunanchiskama

Auf Wiedersehen.

Übernachten

sayk'usqa/k'iriqa/onqosqa kani
müde/verletzt/krank sein-ich
Ich bin müde/verletzt/krank.

maypi uj hotel tian
wo ein Hotel gibt's
Wo gibt es hier ein Hotel?

mayk'a cuestan uj tuta
wieviel kosten eine Nacht
Wieviel kostet eine Übernachtung?

uj/iska/kinsa runakuna
eins/zwei/drei Person
eine/zwei/drei Person(en)

uj cuarto
ein Zimmer
ein Zimmer

maypi baño/cocina
wo Bad/Küche
Wo ist das Bad (bzw. die Toilette)/die Küche?

Essen und Trinken

maypi ati-yman mikhuyta (rantiyta)
wo können-ich essen (kaufen)
Wo kann ich etwas essen (kaufen)?

imataj kay
was das
Was ist das?

yarqasqa/ch'akisqa kani
hungrig/durstig sein-ich
Ich habe Hunger/Durst.

maypi mikhuna-paj tian
wo essen-für gibt's
Was gibt es zu essen?

jayk'a cuestan
wieviel kosten
Wie teuer ist das?

ka-pusunki-chu ...
existieren-für-dich-(FP)
Haben Sie ...?

muna-ni ujta-wan/uj porcion
wollen-ich ein-mit/eine Portion
Ich möchte noch mal soviel/eine Portion.

uj mikhuy kay llajta-manta
ein Essen dies Dorf-von
ein einheimisches Essen

t'impusqa yaku-chu
gekocht Wasser-(FP)
Ist das Wasser abgekocht?

pagayta muna-ni
zahlen wollen-ich
Ich möchte zahlen.

desayuno	Frühstück	**pisi**	wenig
almuerzo	Mittagessen	**ancha**	viel
cena	Abendessen	**wislla**	Löffel
mikhuy/ujyay	essen/trinken	**tenedor**	Gabel
chiri, qhasa	kalt	**sanu**	Glas
q'oñi	heiß	**chua**	Teller
kachi/azucar	Salz/Zucker	**yaku, unu**	Wasser
uchu	Chili	**te**	Tee

cafe	Kaffee
... yana/azucarwan	... schwarz/mit Zucker
... azucarwan lechewantaj	... mit Zucker + Milch
... q'oñi/qhasa	heißer/kalter ...
... chullunkawan/limonwan	... mit Eis/Zitrone

Wörterliste Deutsch-Quechua

A

abhalten von - **michakuy**
ablegen - **chutuy**
abreißen - **tipllay; tipiy**
abschneiden - **kuchuy**
absteigen - **uray**
abwaschen - **mayllay**
Acker - **chakra**
Affe - **chipi**
ähnlich - **chay rikchaq**
alle - **lliw; llapa**
alle(s) - **tukuy**
allein - **sapa**
alt - (w) **paya**; (m) **machu**; (s) **mawka**
am nächsten Tag - **paqarinnintin**
Amtsinhaber - **kamayoq**
andere Seite - **huklaw**
anderenfalls - **manachayqa**
anders - **sapaq**
aneinandergereiht - **seqella**
Angst haben - **manchakuy**
anhäufen - **huñuy**
ankommen - **chayay**
anordnen - **chupqachay**
anreichen - **hayway**
antreiben - **qatiy**
antworten - **chaskiy; kuntestay;** (aggressiv) **kutipay**
anzeigen - **willay**
anziehen (fest) - **teqoy**
anzünden - **ratay**
Apotheke - **butika**
arbeiten - **llamkay**
ärgerlich (werden) - **piñay (piñayay)**
sich ärgern - **rabyay**
arm - **wakcha**
Art - **rikchaq**
Arzt - (euro.) **midiku**; (ind.) **hampiq**
atmen - **samay**
auch (bei Aufzählungen) - **ima**
auf der anderen Seite - **chimpa**
auf einen Berg gehen - **wichay**
auf solche Weise - **chayna**
aufgehen (Sonne) - **lloqsiy**
aufgraben - **tikray**
aufhören - **tukuy**
aufhören zu regnen - **usyay**
aufsammeln (Dinge) - **pallay**
aufstapeln - **muntuy**
aufstehen - **hatariy**
Auge - **ñawi**
ausbreiten - **mastay**
ausgraben - **aspiy**
ausreichen - **haypay**
sich ausruhen - **samay**
außen - **hawa**
austauschen - **trukay**
auswählen - **akllay**
ausweichen - **suchuy**
ausziehen - **chutuy**

B

Bach - **wayqo**
Ball - **piluta**

Baumstamm - **kullu**
sich beeilen - **utqay**
beenden - **tukuy**
befehlen - **kamachiy**
befestigen - **teqoy; watay**
sich begegnen - **tupay**
begießen - **parqoy**
beginnen - **qallariy**
begrüßen - **rimaykuy**
bekanntgeben - **willay**
bemerken - **musyay**
beobachten - **qaway**
Berg - **orqo; pikchu**
Bergrutsch - **lloqlla**
sich beruhigen - **upallay**
bestrafen - **panyay**
besuchen - **watukuy; qawaykuy**
(lange) betrachten - **qawarayakuy**
sich betrinken - **machay**
Bewässerungskanal - **yarqa**
bewegen - **astay**
bezahlen - **pagay**
billig - **baratu**
bitte - **ama hina kaspa**
bitten um einen Dienst - **minkay**
blau - **ankas**
Bleistift - **lapis**
Bodensatz - **tiksi**
Boten senden - **kachay**
boxen - **takay**
braten - **watyay**
brechen - **pakiy**
brennen - **rupay**
Brennholz - **yanta**
Brot - **tanta**
Brücke - **chaka**
Bruder - (von Frau) **turi**;
(von Mann) **wawqe**
Buch - **libru**
sich bücken - **kurkuy**
Bündel - **qepi**

C & D

Chilipfeffer - **uchu**
Clan - **ayllu**
Dach - **qata**
danke dir - **dyuspagrasunki**
dann - **chaymanta; nispacha**
das - **chay**
dazugeben - **yapay**
Decke - **qata**
dick (kräftig) - **wira**
dicke Suppe - **lawa**
dieses - **kay**
Dinge in die Hand nehmen - **potqoy**
Dorf - **llaqta**
dort - **chaypi**
dorthin - **chayman**
draußen - **hawa**
du - **qam**
dunkel - **tuta**

E

Ecke - **kuchu**
Ehemann - **qosa**
eilends - **kallpayllaña**
ein anderer - **huknin**
ein (Zahlwort) - **huk**

Eingeweide - **chunchul**
einholen - - **haypay**
einige - **waki**
einsam - **chunniq**
einstürzen - **tuñiy**
erbitten - **mañakuy**
erbrechen - **toqay**
Erde - **pacha, allpa**
Erdrutsch - **lloqlla**
ergreifen - **aptay; hapiy**
erhalten - **chaskiy**
Erhebung - **moqo**
erkennen - **reqsiy**
erreichen - **haypay**
erscheinen - **qespiy; rikuriy**
erschrecken (plötzl.) - **mancharikuy**
erwidern - **chaskiy; kutichiy**
erwürgen - **teqoy**
Esel - **asnu**
essen - **mikuy**
Essen servieren - **qaray**
Eule - **tuku**

F

fähig sein - **atiy; atipay**
Fahne - **bandira**
Fahrer - **chufir**
fallen - **wichiy; wischuy**
falls - **hinaptinqa**
falls nicht - **manachayqa**
fangen - **hapiy**
Farbe - **niraq**
mit den Händen fassen - **aptay**
fast - **yaqa**
faul - **qella**
fegen - **pichay**
Feld (terrassenförmig) - **pata**
Fels - **qaqa**
fertigmachen - **allichay**
fertigstellen - **qespichiy**
fertigwerden - **qespiy; tukuy**
fest anziehen - **taqoy**
festbinden - **watay**
festhalten - **harkay**
feststecken - **tipay**
Festung - **pukara**
Fett - **wira**
Feuer - **nina**
Feuer anmachen - **ratachiy**
Feuer schüren - **waykuy**
Fieber - **kalintura**
finden - **tariy**
Finger - **rukana**
Fingernagel - **sillu**
(abgegrenzte) Fläche - **pata**
Fleisch - (getrocknet) **charki**; (frisch) **aycha**
fleißig - **bibu**
fliegen - **paway**
fliehen - **ayqey, lluptiy**
Flügel - **rapra, ala**
Fluß - **mayu**
fragen - **tapuy**
Frau - **warmi**
Frauengewand - **anaku**
sich freuen - **kusikuy**
froh - **kusi**
Frucht - **ruru**

früh - **timpranu**
früher - **ñawpaq**
Fuchs - **atoq**
führen (Lebewesen) - **pusay**
sich füllen - **huntay**
für wieviel? - **imaynapitaq**
sich fürchten - **manchakuy**
Fuß - **chaki**
Fußtritt - **haytay**
Fußtritt geben - **haytay**

G
Gang zum Dorf - **llaqtay**
ganz - **tukuy; pasaypaq**
gänzlich - **tukuy; pasaypaq**
gebären - **wachay**
geben - **qoy**
gefallen - **gustay**
Gefäß aus Kürbis - **mati**
sich gegens. helfen - **yanapanakuy**
gegenüber - **chimpa**
gehen - **riy, puriy**
gehen wir! - **haku**
gehen (auf einen Berg) - **wichay**
gehorchen - **kasuy**
Geier - **suyuntu**
gekochte Bohnen - **puspu**
(steiniges) Gelände - **ranra**
gelb - **qellu**
Geld - **qollqe**
gemein - **qanra**
gemustert - **pallasqa**
Genosse - **masi**
genug - **sinchi**
genügend - **sinchi**
genügend sein - **haypay**
Gerste - **sibada; siwada**
(bestimmter) Gesang - **qarawi**
geschehen - **susidiy**
Gesicht - **uya**
Gespann - **yunta**
gestern - **qayna punchaw**
Gestrüpp - **qora**
getrocknetes Fleisch - **charki**
Gewebe (grob) - **awaska**
gewinnen - **llalliy**
gewürzt (sehr scharf) - **qoñi**
gießen - **parqoy**
glänzen - **chipipipiy**
glücklich - **kusi**
glücklich sein - **kusikuy**
Gold - **qori**
graben (Loch) - **uchkuruy**
Grabstock - **taklla; chakitaklla**
Gras - **qora**
grau - **oqe**
groß - **hatun**
große Tiere schlachten - **nakay**
Größe - **sayay**
Großfamilie - **ayllu**
grün - **qomer**
Grundbesitzer - **patrun**
grüßen - **rimaykuy**
Guano - **wanu**
Gürtel - **weqaw; qaytu**
Gürtelband (gewebt) - **chumpi**
gut - **allin**
"guten Tag" - **buynas tardis**

H

Haar - **chukcha**

haben - **kapuy**

Haciendahaus - **asinda-wasi**

Hacke - **allana**

hacken (mit Schnabel) - **tupsay**

Hahn - **utulu**

Hälfte - **chawpi**

Hals - **kunka**

halten - **harkay; hatalliy**

Hand - **maki**

hängen - **warkuy**

hart - **kapka**

Haus - **wasi**

Haustier - **uywa**

Haut - **qara**

heilen - **hampiy**

Heilmittel - **rimidyu**

heiß - **qoñi; rupay**

helfen - **yanapay**

sich gegens. helfen - **yanapanakuy**

Hemd (ärmellos) - **unku, kusma**

herauskommen - **lloqsiy**

herausziehen - **qorqoy**

herbringen - **astay;** (Dinge) **apamuy**

hereinkommen - **yaykuy**

herführen - **pusamuy**

Herr - **siñur; tayta**

herumspringen - **wintiy**

Herz - **sonqo**

Heuschrecke - **aqaruway**

hinausgehen - **lloqsiy**

hinauswerfen - **qarqoy**

hindern - **michakuy**

hingebungsvoll singen - **takikuy**

hinreichen - **hayway**

hinsetzen - **tiyaramuy**

hinter - **qepa**

Hinterteil - **siki**

hoch - **altu**

hoch stehen (örtl.) - **seqay**

hochheben - **qoqariy**

hocken - **unchukuy**

hoffentlich - **amaláy**

(etwas) höherstellen - **churkuy**

Höhle - **machay**

Holz spalten - **cheqtay**

Honig - **miski**

hören - **uyariy**

Horn - **waqra -**

Horn (für Musik) - **waqra-puku**

Hosen - **wara**

Huhn - **wallpa**

Hund - **allqo**

hungern - **yarqay**

Hut - **roqo**

hüten (Tiere) - **michiy**

I

ich - **ñoqa**

in einer Reihe - **seqella**

in jem. Gegenwart - **qaylla**

Indianer (Schimpfwort) - **chutu**

ineinanderstecken - **chakatay**

infolgedessen - **hinaptinqa**

innen - **uku**

sich irren - **pantay**

J

ja - **arí, aw, awá**

ja gut - **anri**

ja, so habe ich gehört - **as, asá**

Jahr - **wata**

jede(-r, -s) - **sapa**

jemanden beschuldigen - **karguchay**

jemandem folgen - **qatipay**

jenes - **chay;** (jenes dort) **wak**

jetzt - **kanan, kunan**

Joch - **yugu**

Jugendlicher - **maqta**

junge(r) Frau/Mann - **wayna**

Junge (5-15 J.) - **warma**

K

kalt - **chiri**

kalt sein - **chiriy**

kalte Küche - **qoqaw**

kämmen - **ñaqchay**

kaputtschlagen - **chamchay**

Kartoffel - **papa**; (gelbe) **qellu runtus papa**; (trockene) **kuraw papa**; (frostgetr.) **yaku papa**

Kartoffeln ernten - **allay**

Katze - **misi**

kaufen - **rantiy**

kaum - **ñakayta**

kehren (Reinigung) - **pichay**

keineswegs - **manataq**

kennen - **reqsiy**

Kerze - **bila**

Kind - **wawa, uña;** (eigenes) **churi**

Klamm - **wayqo**

klar - **chuya**

Klaue - **ataka**

Kleidung - **pacha**

klein - **uchuy; taksa**

kleine Dinge aufsammeln - **pallay**

kleine Portionen austeilen - **taqay**

kleiner Junge - **qari wawa**

kleines Mädchen - **warmi wawa**

Knie - **moqo**

knöchellanges Gewand - **anaku**

Knochen - **tullu**

Knollenfrüchte - **maswa; oqo; ulluku**

knurren - **qerqeryay**

kochen - **yanuy**

Kohl - **kulis**

Koka kauen - **aykuy**

Kollege - **masi**

kommen - **hamuy**

Kondor - **kuntur**

können - **atiy, atipay**

Kopf - **uma**

Kordel - **watu**

kosten (Essen) - **malliy**

kräftig - **wira**

krank sein - **onqoy**

Krankheit - **onqoy**

kratzen - **rachkay**

Kräuter - **qora**

Kuh - **waka**

küssen - **muchay**

L

lachen - **asiy**

Lama - **llama**

lange betrachten - **qawarayakuy**
lange Zeit - **unay**
langsam (vorsichtig) - **allillamanta**
(kleiner) Lappen - **latapa**
lassen - **saqey**
laßt uns gehen! - **haku**
Last - **karga**
Lasttier (außer Lama) - **uywa**
laufen - **kallpay; paway**
leben - **kawsay**
Leben - **kawsay; kawsaykuna**
Lebensmittel - **kawsaykuna**
lecken - **llaqway**
Lederriemen - **wanku**
legen - **churay; hinay**
Lehm - **mitu**
Lehmziegel - **adubi**
lehren - **yachachiy**
Lehrer - **yachachiq; mayistru**
Lehrerin - **mayistra**
leicht - **fasil**
leiden - **ñakariy**
Leine - **waska**
lernen - **yachakuy; istudyay**
letztes (letztvergangenes) - **qayna**
lieben - **kuyay;** (innig) **waylluy**
Lied - **taki**
liegen (auf der Seite) - **waqtapay**
links - **ichuq**
Loch - **uku**
Loch graben - **uchkuruy**
losbinden/losmachen - **paskay**
losreißen - **tipiy**
Lüge - **llula**

M

machen - **ruway**
Mädchen - **sipas; pasña**
Magen - **wiksa**
Mais - **sara**
Maisbier - **aqa; chicha**
Maiskolben - **choqllo**
Mal - **kuti**
manchmal - **abisis**
Mann - **qari; runa;** (junger) **wayna**
Männerumhang (Kleidung) - **yakulla**
männlich (Tiere) - **orqo**
Marktplatz - **plasa; qatu**
Mate - **mati**
Maus - **ukucha**
Medizin - **hampi**
Meerschweinchen - **qowi**
Meerschweinchenbraten - **qowikanka**
mehr noch - **astawan, yalli**
mein Gott! - **taytallayá**
Mensch - **runa**
Mestize - **misti**
mit Mühe - **ñakayta**
mitnehmen - **apay**
Mittagessen, 12.00 Uhr - **dusi**
Mitte - **chawpi**
mitteilen - **willay**
mögen - **munay;** ("lieben") **kuyay**
Monat - **killa**
Mond - **killa**
morgen - **paqarin**
Mote (gek. Mais) - **muti**
mutig - **qari**
Mutter - **mama**

N
na klar! - **awriki**
Nachkomme - **churi**
Nacht - **tuta**
Nacken - **matanka**
nackt - **qala**
Nadel - **tipki**
nah - **kaylla**
nähen - **siray**
sich nähern - **asuykuy; chayay**
Name - **suti**
Nase - **senqa**
nein - **mana(m)**
nennen - **sutichiy**
sich niederlassen - **tiyaramuy**
sich niederlegen - **waqtapay**
nochmal - **yapa**

O
Ochse - **buwis**
oder - **icha**
öffnen - **kichay**
Öffnung - **uchku**
oh Herr! - **taytallayá**
Ohrfeige - **laqechu**
Onkel - **tiyu**
ordnen - **chupqachay**
Ort - **llaqta**

P
Peitsche - **seqollo**
Peru - **Piruw**
peruanische Währung - **sul**
Pfahl - **kaspi**
Pferch - **kurral**
Pferd - **kaballu**
pflügen - **yapuy**
Pfote - **ataka**
picken (Vögel) - **tupsay**
pikant - **pikanti**
(offener) PKW - **kamiunita**
(öffentlicher) Platz - **pata**
plötzlich - **qonqayta**
Poncho - **punchu**
pongo (Knechtschaft) - **pungu**
Proviant - **qoqaw**

Q & R
Quechua - **runasimi**
Rad - **ruyda**
Rand - **pata; kinray**
rauchen - **pitay**
räumen - **qarqoy**
rechts - **alliq**
Rechtsanwalt - **abugadu**
Regen - **para**
Regierung - **gubyirnu**
regnen - **paray**
aufhören zu regnen - **usyay**
reichen (ausreichen) - **haypay**
Reihe (in einer) - **seqella**
Reise - **illay, biyahi**
reisen - **illay, chutay**
s. Respekt verschaffen - **nanachikuy**
riesig (Dimension) - **chikankaray**
rösten (etwas) - **watyay**
rot - **puka**
Rücken - **wasa**

rufen - **qapariy; qayay**
ruhig - **qasilla**
runterfallen - **qormay**

S

Saat - **kawsay**
Sack - **wayaqa; wayqa**
säen - **tarpuy**
sagen - **niy**
Salz - **kachi**
sammeln - **huñuy**
Sandale - **usuta**
Sarg - **wiritru**
Schaf - **ubiha**
Schäferhund - **chuli**
scharf gewürzt - **pikanti;** (sehr) **qoñi**
schauen (nach) - **qaway**
scheinen (anscheinend) - **rikchay**
schicken - **kachay**
Schimpfwort (Fluch) - **karaqu**
schlachten - (kleine Tiere) **sipiy;** (große Tiere) **nakay**
schlafen - **puñuy**
schlagen - **maqay**
schließen - **wichqay**
Schlucht - **wayqo**
Schluck/schlucken - **millpuy**
schmecken - **malliy**
schmerzen - **nanay**
Schmetterling - **maripusa; pillpintu**
Schmied - **irriru**
Schmortopf - **pirul**
Schmutz (Schimpfwort) - **tiksi**
schmutzig - **qacha; qanra**
Schnabel - **tupsa**
(billiger) Schnaps - **tragu**
Schnauze - **usiku**
schneiden - **rutuy; kuchuy**
schneien - **lastay**
Schnur - **watu**
schon lange (Zeit) - **unay**
schon morgen - **paqarillan**
schön - **sumaq**
Schöpflöffel - **wislla**
schreiben - **qellqay**
Schreiner - **karpintiru**
Schuh - **sapatu**
Schule - **iskwila**
Schüler - **alumnu**
Schultertuch (Frauen) - **lliklla**
schüren (Feuer) - **waykuy**
schütteln - **taspiy**
schwarz - **yana**
schweigen - **upallay**
Schwein - **kuchi**
schwer (Gewicht) - **llasa**
(nur) schwer/"mit Mühe" - **ñakayta**
Schwester - (von Frau) **ñaña;** (von Mann) **pani**
schwierig - **sasa**
See - **qocha**
Seele - **alma**
sehen - **rikuy;** (sehen nach) **qaway**
sehr - **ancha, llumpay**
Seil - **waska**
sein (Verb) - **kay**
Seite - **waqta; kinray**
selbst - **kiki**

senden (einen Boten) - **kachay**
September - **sitimbri**
servieren (Essen) - **qaray**
setzen - **churay**
Sichel - **rutuna**
sicheln - **rutuy**
sicher/sicherlich - **sigura**
sieden - **timpuy**
singen - **takiy**; (mit Hingabe) **takikuy**
sitzen - **tiyay**
so - **chayna, hina**
so sehr - **mayna**
so stark - **mayna**
sodann - **nispacha**
sofort - **chaylla**
Sohn - (von Mutter) **wawa**;
(von Vater) **churi**
Sol (peruanische Währung) - **sul**
Sonne - **inti**
sonst - **manachayqa**
Sorte - **rikchaq**
spalten (Holz) - **cheqtay**
spielen - **pukllay**
Spindel - **puchkana**
spinnen (handwerklich) - **puchkay**
sprechen - **rimay**
Spur - **yupi**
Stange - **kaspi**
stark - **sinchi**
Stärke - **kallpa**
stehen (räuml. hoch) - **seqay**
stehenbleiben - **takyay**
stehlen - **suway**
Stein - **rumi**
Steine werfen - **chamqay**
steiniges Gelände - **ranra**
Steinlawine - **lloqlla**
stellen - **churay**;
(räuml. hoch) **churkuy**
sterben - **wañuy**
Stierkampf - **turu pukllay**
Stinktier - **anas**
Stock - **tanwa; tawna; kaspi**
studieren - **istudyay**
Stuhl - **silla**
Stunde - **ura**
stürzen - **wischuy**
suchen - **maskay**
Sumpffieber - **chukchu**
Suppe - **chupi**; (dicke Suppe) **lawa**
Süßigkeit - **miski**

T

Tag - **punchaw**
Taille - **weqaw**
Tante - **tiya**
Taube - **urpay**
taufen - **bautisay**
tauschen - **trukay**
Teil - **waki**
teilen - **rakiy**
Teufel - **supay**
tief - **uku**
Tier - **animal**; (junges Tier) **uña**
Tisch - **misa**
Topf - **manka**
Tor - **punku**
töten - **wañuchiy**

tragen - **apay, qepiy**
Träne - **weqe**
traurig - **llakisqa**
sich treffen - **tupay**
treiben (Tiere) - **qatiy**
trennen - **rakiy**
treten - **haytay**
trinken - **upyay; tumay**
trocknen - **chakuy**
trotzdem - **hinata**
tun - **ruway**
Tür - **punku**

U
über - **hawa**
übermorgen - **mincha**
übrigbleiben - **puchuy**
um herum - **muyuriqninpi**
umdrehen - **tikray**
Umhang (für Männer) - **yakulla**
umhergehen - **puriy**
umkehren - **tikray**
Ungeziefer - **uru**
Unglück - **chiki**
Unheil - **chiki**
unten - **uku**
untergehen - **wichiy**
unterschiedlich - **sapaq**

V
Vater - **tayta**
verachten - **allqochay**
sich verändern - **kutiy**
verbinden - **hukllaway**
verbrennen - **kañay**
verehren - **muchay**
verfolgen (etwas) - **qatipay**
Vergangenes - **qayna**
vergeblich - **yanqa**
verheiratet - **kasadu**
verkaufen - **rantikuy**
verlassen - **saqay**
verlieren - **chinkay**
sich vermehren (Tiere) - **miray**
versammeln - **hañuy**
verschütten - **usuy**
verstecken - **pakay**
verteilen - **haypuy**
Verwandte - **ayllu**
verwirrt sein - **muspay**
Verwirrung - **muspay**
viel - **ancha; llumpay**
viele - **achka**
vielleicht - **ichaya; anchachuch**
Vogel - **pisqo**
Vogeljunges - **mallqo**
vor (zeitlich) - **ñawpaq**
Vorsicht (vorsichtig) - **allillamanta**
Vorsicht! - **yanqataq**

W
wachsen - **wiñay**
wandern - **chutay, puriy**
warme Vegetationszone - **yunga**
warten - **suyay**
waschen - **aywiy;** (Wäsche) **taqsay**
Wasser - **yaku**
Wasser kochen - **timpuy**

wässern - **parqoy**
weben - **qumpiy;** (Gröberes) **away**
Weber - **qumpikamayoq**
Weg - **ñan**
weggehen - **ripuy**
wegnehmen - **qechuy**
wegwerfen - **wischuy**
weh tun - **nanay**
weiblich (bei Tieren) - **china**
Weile - **ratu**
weinen - **waqay**
weiß - **yuraq**
weit - **karu**
wenig - **tumpa; pisi; as**
wenn dem so ist - **hinaptinqa**
werfen - **chamqay; qarqoy**
wieder - **huktawan, yapa**
wiederbekommen (etwas) - **kutiy**
wiederholen - **yapay**
Wiederholung - **yapa**
wild - **piña**
wissen - **yachay**
woanders - **huklaw**
Woche - **simana**
wohnen - **yachay**
Wolke - **puyu**
wollen - **munay**
wollte Gott! - **amaláy**
Wunde - **kiri**
wünschen - **munay**
Wurm - **uru**
wüten - **rabyay**

Z

zählen - **yupay**
Zahn - **kiru**
zeichnen - **qellqay**
zeigen - **qawachiy**
zerbrechen - **pakiy**
zerrissen - **lliki**
Ziege - **kabra**
Ziegelstein - **ladrillu**
ziehen (wandern) - **chutay**
Zimmermann - **karpintiru**
zittern - **katatatay**
Zopf flechten - **simpakuy**
züchtigen - **panyay, pañay**
Zucker - **asukar, miski**
zuerst (zeitlich) - **ñawpaq**
Zuneigung zeigen - **waylluy**
zurückgeben - **kutichiy**
zurückkehren - **kutiy**
zusammen - **kuska**
zusammenfalten - **pataray**
zusammenpressen - **wankiy**
Zweig - **chapra**
Zwiebel - **sibulla**

Der Autor

Winfried Dunkel, geboren 1948 in Bonn. Techniker. Seit über 25 Jahren intensive Beschäftigung mit Geschichte und Kultur der Inka-Völker von Peru. Nebenberufliche Tätigkeit als Tontechniker; Aufnahmen zu etlichen Langspielplatten. Zahlreiche Veröffentlichungen (in der Fachpresse) zu den Themen Tontechnik und Musik.

1982 und 1983 Studium der Quechua-Sprache bei Dr. Sabine Dedenbach-Salazar. 1983 Reise durch das zentrale und südliche Hochland von Peru, dabei Sprachstudien sowie Tonaufnahmen mit städtischer Folklore. 1984 und 1985 weitere Quechua-Studien bei Dr. Roswith Hartmann, Bonn. 1985 Erstellung der Druckvorlage zu "**rimaykullayki** - Unterrichtsmaterialien zum Quechua Ayacuchano" (Berlin 1985; dritte Auflage: Berlin 1994).

Seit 1996 stellvertretender Chefredakteur und Lektor der Fachzeitschrift "Hör-Erlebnis-Forum" sowie ständiger Mitarbeiter der Zeitschrift "Analog Aktuell".